A VIDA E O TRABALHO DOCENTE

Dados Internacionais de Catalogação na Publicação (CIP)
(Câmara Brasileira do Livro, SP, Brasil)

Goodson, Ivor F.
  A vida e o trabalho docente / Ivor F. Goodson ; tradução de Daniela Barbosa Henriques. – Petrópolis, RJ : Vozes, 2022.

  Título original: The teacher's live and work

  ISBN 978-65-5713-551-8

  1. Educação 2. Pedagogia 3. Políticas educacionais 4. Professores 5. Professores – Condições sociais 6. Professores – Formação profissional I. Henriques, Daniela Barbosa. II. Título.

22-104899   CDD-371.1

Índices para catálogo sistemático:
1. Professores : Prática docente : Educação   371.1

Maria Alice Ferreira – Bibliotecária – CRB-8/7964

IVOR F. GOODSON

A VIDA E O TRABALHO DOCENTE

Tradução de Daniela Barbosa Henriques

EDITORA VOZES

Petrópolis

© Ivor F. Goodson, 2020.

Tradução realizada a partir do original em inglês intitulado *The Teacher's Live and Work*

Direitos de publicação em língua portuguesa – Brasil:
2022, Editora Vozes Ltda.
Rua Frei Luís, 100
25689-900 Petrópolis, RJ
www.vozes.com.br
Brasil

Todos os direitos reservados. Nenhuma parte desta obra poderá ser reproduzida ou transmitida por qualquer forma e/ou quaisquer meios (eletrônico ou mecânico, incluindo fotocópia e gravação) ou arquivada em qualquer sistema ou banco de dados sem permissão escrita da editora.

CONSELHO EDITORIAL

Diretor
Gilberto Gonçalves Garcia

Editores
Aline dos Santos Carneiro
Edrian Josué Pasini
Marilac Loraine Oleniki
Welder Lancieri Marchini

Conselheiros
Francisco Morás
Ludovico Garmus
Teobaldo Heidemann
Volney J. Berkenbrock

Secretário executivo
Leonardo A.R.T. dos Santos

Editoração: Fernando Sergio Olivetti da Rocha
Diagramação: Raquel Nascimento
Revisão gráfica: Nilton Braz da Rocha
Capa: WM design

ISBN 978-65-5713-551-8

Este livro foi composto e impresso pela Editora Vozes Ltda.

Sumário

1 Introdução, 7
I.F. Goodson

2 A vida e o trabalho docente, 16
I.F. Goodson

3 Educação como questão prática: alguns problemas e preocupações, 44
I.F. Goodson

4 Trazendo os professores de volta: mudando padrões de representação, 64
I.F. Goodson

5 Histórias de vida e prática profissional, 83
I.F. Goodson

6 Missões pessoais e desenvolvimento profissional dos professores, 100
I.F. Goodson

7 "Os dias de escola são os mais felizes da sua vida", 117
I.F. Goodson e C. Anstead

8 Nostalgia em narrativas de professores técnicos como forma de entender respostas a mudanças, 135
I.F. Goodson e M. Ümarik

9 Contextos políticos de mudança e narrativas sobre a vida profissional dos professores, 165

I.F. Goodson e M. Ümarik

10 Explorando o conhecimento profissional do professor: construção de identidade e comunidade, 191

I.F. Goodson e A.L. Cole

11 Currículo como narrativa: cruzando fronteiras para uma educação decolonizada, 226

I.F. Goodson e M.I. Petrucci-Rosa

Publicações recentes – Narrativa e estudos de história de vida por Ivor F. Goodson, 251

1
Introdução

I.F. Goodson

Até agora a maior parte do meu trabalho publicado no Brasil se concentrou no currículo e sua função na educação. Porém, mais recentemente, ampliei o foco desse trabalho para estudar a vida e o trabalho docente, seu conhecimento profissional, missões e crenças.

Vale explicar essa evolução de estudo do currículo para estudos sobre a vida do professor, já que são parte do mesmo projeto histórico-social de compreensão da educação pública. Os dois estudos abordam a questão de como a educação é apresentada e diferenciada para setores sociais específicos da sociedade.

O movimento para ampliar a nossa abordagem do estudo detalhado sobre o currículo e incluir um foco maior na vida do professor começou em reação a mudanças nos padrões globais da governança escolar e controle estatal da educação.

À medida que a década de 1980 avançava, um controle cada vez mais centralizado era exercido sobre o currículo enquanto padrão global. Isso significava que padrões anteriores de construção e contestação ao currículo foram substituídos por um centralismo muito mais burocrático. A partir de então, a compreensão de disputas sobre o currículo e a distribuição do currículo seria uma empreitada muito mais sociológica e política. Em certo sentido, as disputas sobre a educação passaram de questões de construção e apresentação do currículo a questões de crença e pedagogia dos professores. Isso ocorreu porque a definição centralizada do currículo era um processo bastante oculto que não podia ser estudado ou desembaraçado da maneira anterior. Assim como o ponto de contestação passou da construção do currículo para a crença dos professores e a pedagogia em sala de aula, alguns pontos do estudo sobre o currículo também precisaram mudar, pois era nas disputas em sala de aula e nas disputas políticas escolares que poderíamos começar a entender como o currículo de fato estava sendo processado e transmitido. Logo, boa parte do meu trabalho passou da história do currículo convencional para um tipo de estudo muito mais concentrado na história de vida do professor. Stephen Ball e eu produzimos um livro chamado *Teachers' Lives and Careers* em 1989 que se tornou obrigatório na Universidade Aberta (*Open University*). Foi um exemplo da tendência de que os estudos sobre as histórias de vida do professor e a pedagogia do professor começaram a se concentrar muito mais nas histórias de vida e nas narrativas de vida do professor.

De fato, esse movimento direcionado à história de vida e etnografia havia sido previsto em obras anteriores. Em 1984, publiquei um livro chamado *Defining the Curriculum: History and Ethnography* (GOODSON; BALL, 2012), no qual ponderamos que tais metodologias deveriam ser combinadas para uma máxima recompensa educativa.

Num dos seus últimos trabalhos, Lawrence Stenhouse tece duas considerações sobre o trabalho histórico e etnográfico, argumentando que são as duas principais tradições que servem como base ao trabalho de estudo de caso. Primeiro, ele argumenta:

> A história é essencialmente documental, voltada à discussão e interpretação de evidências acessíveis aos estudiosos. A etnografia, embora pautada em notas de campo, raramente as trata como documentos a serem disponibilizados para discussão

crítica, dependendo de respostas confirmatórias em relação à experiência do leitor com situações similares, ao potencial de convencimento da teoria oferecida e talvez à confiança no etnógrafo (STENHOUSE, 1982, p. 4).

Segundo, e mais controverso, ele acredita:

> A história é o trabalho de agentes internos e a etnografia, de agentes externos. Nas suas origens, a história era aquilo que as classes dominantes escreviam sobre a própria sociedade, a etnografia era aquilo que escreviam sobre as sociedades dos outros...
> O historiador, assumindo uma compreensão compartilhada do comportamento humano, trabalha no primeiro plano da ação. O etnógrafo, por sua vez, usa um grau de ingenuidade como ferramenta para questionar o lugar-comum (STENHOUSE, 1982, p. 4).

Embora a distinção entre história e etnografia possa ser evidenciada e discutida, desde o início a complementaridade das abordagens ao examinar problemas comuns deve ser ressaltada. De fato, Hammersley considera que:

> História e etnografia não são apenas complementares, como também têm muito em comum. Por exemplo, ambas preocupam-se principalmente em descrever processos e eventos sociais em detalhes e não apreciam teorias que consideram ignorar completamente a complexidade do mundo social. Geralmente também compartilham um compromisso em documentar "em seus próprios termos" as perspectivas dos envolvidos nos eventos e cenários que descrevem (HAMMERSLEY, 2012, p. 15).

Quando concentramos os nossos estudos em disciplinas escolares em especial, os riscos devem ser enfrentados com clareza. Seeley (1966) desenvolve a distinção entre "assumir" e "criar" problemas. Se "assumirmos" as disciplinas como foco, correremos o risco substancial de confirmar o desdém direcionado a elas. Uma visão histórica confirmará que o restabelecimento ou a reafirmação das disciplinas escolares *per se*, e de certas disciplinas em especial, reflete um novo regime de controle social e político. Embora possamos argumentar que a pesquisa precisa seguir essas mudanças, jamais devemos nos esquecer de que o foco reflete ações pautadas em um novo clima político – a nova ortodoxia de um currículo dominante baseado em disciplinas é o oposto de mundos escolares "vítimas de desdém" ou "estabelecidos"; de fato é um indicativo de intervenção.

Ao escrever sobre o trabalho realizado nos Estados Unidos, Hazlett (1979) apresenta uma crítica incisiva:

> Ao examinar o momento histórico, alguns autores especialistas em currículo curiosamente agem de forma simplista em vez de tentarem de modo deliberado e autocrítico interpretar um espectro complexo de detalhes. Às vezes as suas leituras são tão vagas e abstratas que dificultam a percepção de uma conexão lógica com alterações curriculares propostas, suas afirmativas são tão categóricas que não sobra espaço para interpretações alternativas ou suas declarações sugerem que as diretivas educacionais estão alojadas na própria história (HAZLETT, 1979, p. 130).

Não é difícil encontrar exemplos do tipo de trabalho que Hazlett descreve, em que as mudanças no currículo simplesmente são relacionadas a noções como as "demandas de desenvolvimento tecnológico" ou "mudanças no clima econômico e político".

Hazlett também é contundente ao criticar a falha dos historiadores em lidar com a experiência dos conteúdos das disciplinas em sala de aula, argumentando que os problemas técnicos e metodológicos envolvidos foram exagerados, e desenvolvimentos recentes na tradição histórica oral/biográfica parecem indicar que de fato há possibilidades consideráveis nessa área.

O currículo "vivido" da escola e sala de aula é um nível de investigação que sofreu a maior negligência. Como grupo, os historiadores se esquivaram da escola particular por julgarem que a história educacional é dedutiva e que os registros existentes são insuficientes (HAZLETT, 1979, p. 131).

Quando reunidas, as técnicas de história, história de vida e etnografia podem nos fornecer as ferramentas para analisar e questionar as disciplinas escolares empiricamente, também podendo estabelecer os alicerces para o desenvolvimento de teorias que captem e expliquem os processos de mudança (ou ausência de mudança) nas disciplinas escolares.

Uma análise multifocal que use histórias, histórias de vida e etnografias permite uma apreciação completa da natureza social e politicamente construída das disciplinas escolares e tende a uma visão da estrutura e do conteúdo do currículo escolar como produtos de batalhas antigas e contínuas nas/entre as comunidades disciplinares. Assim, o desdém direcionado ao currículo e seus componentes disciplinares é desafiado (cf. YOUNG, 2007). O trabalho histórico concentrado na emergência e no estabelecimento (ou declínio) das disciplinas escolares enfatiza a natureza controversa do conhecimento disciplinar, indicando o papel desempenhado por vários grupos de interesse adquirido na seleção e definição de conteúdos "apropriados". A investigação etnográfica e as histórias de vida dos professores iluminam esses fatores que *intermediam* o currículo "adotado" e o currículo "decretado", assim como enfatizam a percepção e a experiência dos diferentes conteúdos e formas de conhecimento disciplinar na sala de aula (ou laboratório ou oficina). Nos dois casos, conflito, acordo e negociação são conceitos fundamentais. Nas arenas públicas (associações disciplinares, conferências, bancas examinadoras, equipe da escola e reuniões de departamento), onde questões de conteúdo são debatidas e "apaziguadas", podem estar em jogo interesses em termos de carreira, situação ou acesso a recursos de determinados grupos. Segundo

Archer (1979), para entendermos os resultados das competições, conflitos e acordos curriculares, "precisamos saber não somente quem venceu a luta pelo controle, como também quem foi derrotado e o grau da derrota!" (p. 23). Tais disputas e acordos também são relevantes para entender a decretação do conhecimento disciplinar e a relação entre disciplinas na escola e sala de aula. Em âmbito institucional, o acesso a recursos e ao tempo de ensino afeta e é crucialmente afetado pelas condições das disciplinas. Decisões curriculares tomadas em reuniões da equipe são eminentemente questões políticas. A "demanda" e a "resistência" dos alunos os levam a negociar a forma pela qual as disciplinas são decretadas e concretizadas na sala de aula.

Histórias, histórias de vida e etnografias das disciplinas escolares podem prover acesso à compreensão do "conteúdo" da educação e a uma resposta positiva àqueles que, como Raymond Williams, exortam a busca pelo estudo "do que conta como educação":

> Os procedimentos para a organização da educação – criar tipos de instituições, decidir extensão de cursos, acordar condições de entrada e duração – certamente são importantes. Porém, é totalmente enganoso conduzi-los como se fossem a distribuição de um simples produto. A maneira pela qual a educação é organizada pode ser vista como a expressão, de forma consciente ou inconsciente, da organização mais ampla de uma cultura e uma sociedade, portanto o que se considerava uma simples distribuição de fato é uma formatação ativa com objetivos sociais específicos. O conteúdo da educação, sujeito a uma enorme variação histórica, mais uma vez expressa, de forma consciente e inconsciente, certos elementos básicos da cultura, considerando-se "uma educação" de fato um grupo determinado de ênfases e omissões. Ademais, quando analisada com mais atenção, essa seleção de conteúdo é vista como um dos fatores decisivos que afetam a sua distribuição: as escolhas culturais envolvidas na se-

leção de conteúdo têm uma relação orgânica com as escolhas sociais envolvidas na organização prática (WILLIAMS, 1961, p. 145).

Como a centralização e a comercialização começaram o seu movimento tenaz a partir da década de 1980, os modos de estudo do currículo precisaram mudar. Os métodos mistos de história do currículo e história de vida tornaram-se cada vez mais relevantes. À medida que os mercados e o controle central assumiram a construção e a direção da mudança curricular, boa parte do que estava previamente sujeito à supervisão democrática tornou-se opaca. O papel de grupos educacionais passou da coordenação de avaliação e definição curricular para o cumprimento de ditames estatais e imperativos comerciais. Mas grupos de educadores, especialmente professores da linha de frente, ainda estavam envolvidos na mediação contínua e transmissão do currículo. Portanto, pontos de definição e, de fato, contestação mudaram de lugar. Uma combinação de história do currículo, etnografias e histórias de vida dos professores permitiu o escrutínio educacional contínuo desses novos pontos de negociação. Em vez de estudarem as implicações da construção curricular, os novos modos de estudo se concentraram nos novos pontos de negociação estabelecidos na interface da governança, dos mercados e da transmissão do currículo. A nova história do currículo cobriu essas modalidades de métodos mistos e, ao fazê-lo, ampliou o seu alcance educacional. Além disso, essa abordagem ampliada facilitou muito a capacidade educacional de estudos de "movimentos mundiais" do currículo e dos fenômenos associados da globalização e imperativos transnacionais.

No mundo globalizado da educação, os métodos mistos de história do currículo e história de vida conduziram a novos padrões de estudo. Os padrões emergentes de "refração" começaram a conduzir os estudiosos a estudar a interação entre narrativas sistêmicas globais e padrões nacionais e locais de definição e transmissão (cf. GOODSON; RUDD, 2012; MIKSER; GOODSON, 2019;

GOODSON; LINDBLAD, 2010). Novos padrões transnacionais de currículo levam a novos métodos de estudo (cf. PINAR, 2003; 2014; 2015) e a novas redes internacionais de atividade educacional. À medida que novos padrões de currículo e novos padrões de controle proliferam, os estudiosos precisam responder com flexibilidade e às vezes de forma iconoclasta, de modo a desenvolver novas modalidades e metodologias. Esse é o desafio para os estudiosos do currículo na era transnacional. O seu estudo precisa ser ampliado para o estudo da vida e do trabalho do professor.

Referências

ARCHER, M.S. (1979). *Social origins of educational systems*. Londres: Sage.

BALL, S.; GOODSON, I.F. (1989). *Teachers' lives and careers*. 2. ed. Londres/Nova York/Filadélfia: Falmer/Open University/Open University Set Book.

GOODSON, I.F.; BALL, S. (eds.) (2012). *Defining the curriculum: Histories and ethnographies*. Londres/Nova York/Filadélfia: Falmer.

GOODSON, I.F.; LINDBLAD, S. (eds.) (2010). *Professional knowledge and educational restructuring in Europe*. Roterdã/Boston/Taipei: Sense.

GOODSON, I.F.; RUDD, T. (2012). Developing a concept of "refraction": Exploring educational change and oppositional practice. *Education Practice and Theory*, 34(1), p. 5-24.

HAMMERSLEY, M. (2012). Making a vice of our virtues: Some notes on theory in ethnography and history. In: GOODSON, I.; BALL, S. (eds.). *Defining the Curriculum: Histories and Ethnographies*. Londres/Nova York/Filadélfia: Falmer.

HAZLETT, J.S. (1979). Conceptions of curriculum history. *Curriculum Inquiry*, 9(2), p. 129-135.

MIKSER, R.; GOODSON, I.F. (2019). Narratives of education and curriculum transition in the formerly socialist European countries: The example of Estonia. In: McCULLOCH, G.; GOODSON, I.; DELGADO-GON-

ZALEZ, M. (eds.). *Transnational perspectives on curriculum history*. Londres: Routledge, p. 41-62.

PINAR, W. (2003). *The internationalization of curriculum studies*. Ed. de W.E. Doll, D. Trueit e H. Wang. Nova York: Peter Lang.

PINAR, W. (2014). *International handbook of curriculum research*. 2. ed. Nova York: Routledge.

PINAR, W. (2015). *Autobiography and teacher development in China: Subjectivity and culture in curriculum reform*. Ed. com Z. Hua. Nova York: Palgrave Macmillan.

SEELEY, J. (1966). The "making" and "taking" of problems. *Social Problems*, 14.

STENHOUSE, L. (1982). *Case study and educational practice*. Care: University of East Anglia [mimeo.].

WILLIAMS, R. (1961). *The long revolution*. Londres: Chatto and Windus.

YOUNG, M.F.D. (2007). *Bringing knowledge back in: From social constructivism to social realism in the sociology of education*. Routledge/Londres/Nova York/Filadélfia.

2
A vida e o trabalho docente

I.F. Goodson

Estudos sobre a vida e o trabalho docente cresceram e melhoraram nas últimas décadas. Em 1975, no fim do que Hobsbawn chama de "era dourada" para a sociedade ocidental (HOBSBAWN, 1994), Lortie (1975) resume a relação entre professores e estudos sobre a pesquisa educacional nos Estados Unidos. Embora fossem tempos econômicos e sociais muito diferentes, o seu julgamento é pertinente hoje:

> A educação é longa na prescrição e curta na descrição. O caso mais evidente é aquele dos dois milhões de pessoas que ensinam nas escolas públicas. Admite-se amplamente que as principais transações da educação formal ocorrem onde professores e alunos se encontram... Mas, apesar da profusão de livros e artigos que instruem os professores sobre como devem se comportar, estudos empíricos sobre o trabalho do professor – e a atuação de quem trabalha nas escolas – permanecem raros (LORTIE, 1975, p. vii).

Em geral, o que Lortie aponta continua em vigor no discurso da pesquisa no que tange aos professores – muitas prescrições e descrições implícitas, mas pouquíssimos estudos sérios ou colaboração com aqueles que são os alvos da prescrição ou que são descritos. Entretanto, mesmo havendo continuidade, também existe uma mudança com o passar do tempo na interseção entre empreendimento educacional e história social, política e econômica.

Uma década após Lortie, no livro *Teachers' Lives and Careers*, Ball e eu (em 1989) argumentamos que a pesquisa britânica sobre os professores havia passado por várias fases contemporâneas nos últimos quarenta anos. No início desse período, na década de 1960:

> [...] os professores eram figuras obscuras na paisagem educacional, desconhecidos ou conhecidos principalmente através de levantamentos de larga escala ou análises históricas sobre a sua posição na sociedade, sendo a função o conceito-chave na abordagem à prática do ensino (BALL; GOODSON, 1989, p. 6).

Portanto, na maior parte dos estudos de pesquisas daquela década, os professores eram agregados através de estatísticas imprecisas ou eram vistos como indivíduos somente na qualidade de agentes de uma função formal, respondendo de modo mecanicista e inócuo às expectativas poderosas do seu conjunto de funções.

No fim da década de 1960 e início da década de 1970, novas abordagens estavam em andamento, buscando tratar de algumas das limitações desses paradigmas. Os pesquisadores de estudos de caso começaram a escrutinar a educação enquanto processo social, concentrando o seu trabalho na maneira pela qual os alunos das escolas eram "processados". "A simpatia dos pesquisadores se direcionava primordialmente aos alunos, à classe operária e às alunas em especial, que eram as "desfavorecidas" da sala de aula, e os professores eram os "vilões" (BALL; GOODSON, 1989, p. 7).

Na década de 1980, presenciamos outra mudança em que a atenção começou a ser dirigida "às restrições nas quais os professores trabalham... Os professores passaram de vilões a "vítimas" e, em alguns casos, "presas" do sistema onde precisavam funcionar" (BALL; GOODSON, 1989, p. 7).

Crucialmente em termos da orientação deste capítulo, essa última caracterização dos professores lançou a questão de "como os professores viam o próprio trabalho e a vida". Em 1981, argumentei que os pesquisadores não haviam confrontado a complexidade do professor escolar como agente ativo que faz a própria história. Os pesquisadores, mesmo ao parar de tratar o professor como um dado numérico, uma nota de rodapé histórica ou alguém que desempenha suas funções de modo inócuo, ainda o tratavam como um tipo intercambiável que não é alterado pelas circunstâncias ou pelo tempo. Como resultado, novos métodos de pesquisa foram necessários:

> A busca por dados pessoais e biográficos pode desafiar rapidamente a presunção de intercambialidade. Do mesmo modo, ao traçar a vida do professor de acordo com a sua evolução no tempo – ao longo da carreira do professor e através de várias gerações –, a presunção de atemporalidade também pode ser remediada. *Para entender algo tão intensamente pessoal como o ensino, é fundamental conhecer a pessoa do professor.* A nossa escassez de conhecimento nessa área é a evidência manifesta do espectro da nossa imaginação sociológica. O historiador da vida trabalha a partir da sua perspectiva, perspectiva essa que enfatiza o valor da "própria estória" da pessoa (GOODSON, 1981, p. 69).

Infelizmente, embora os estudos sobre a vida e a carreira dos professores agora tenham começado a ser mais geralmente explorados na comunidade de pesquisa educacional, as mudanças políticas e econômicas estavam indo acentuadamente na direção oposta, o que se refletiu nos tipos de estudos realizados. O desenvolvimento de padrões de controle político e administrativo sobre os professores tornou-se enorme nas décadas de 1980 e 1990. Em termos de poder e visibilidade, de várias maneiras isso representa "uma volta às sombras" para professores que enfrentam novas diretrizes curriculares (em alguns países como Nova Zelândia e

Grã-Bretanha, um currículo nacional abrangente), responsabilização e avaliação de professores, uma torrente de decretos de novas políticas e novos padrões de administração e governança escolar.

Novas direções para o estudo da vida e do trabalho do professor

Trabalhos recentes de pesquisadores qualitativos sugerem formas inovadoras e interessantes de atingir a meta de compreender "o conhecimento prático pessoal" dos professores (CONNELLY; CLANDININ, 1989). O acréscimo do aspecto pessoal a essa fórmula é um desenvolvimento positivo, indicando a importância de perspectivas biográficas e pessoais. Outras tradições concentraram-se no praticante reflexivo, nos professores enquanto pesquisadores da própria prática, e nas abordagens fenomenológicas à prática. Experiências pessoais estão, portanto, conectadas irrevogavelmente à prática. É como se o professor *fosse* a sua prática. Para os educadores de professores, tal especificidade de foco é compreensível, mas perspectivas mais amplas podem conquistar ainda mais, não somente em termos de entendimentos, mas principalmente de modo a dar um retorno que se concretiza em mudanças no conhecimento prático, política pública e entendimentos teóricos intimamente mais amplos.

Há reservas similares sobre o modo "professor reflexivo" ou "professor pesquisador" da educação do professor. A abordagem "professor pesquisador" sugere vários problemas. A ênfase no fato de o professor se tornar o pesquisador da própria prática parece libertar o pesquisador na academia de uma clara responsabilidade no processo. Mas, na minha opinião, esses pesquisadores têm uma responsabilidade primária, porém um tanto quanto negligenciada, por patrocinar e sustentar o professor enquanto pesquisador. Logo, estão se desenvolvendo novas tradições que contrariam a noção de que o foco do professor como pesquisador deve ser principalmente na prática.

De certa forma, esse foco na prática é o resultado lógico do "professor pesquisador", pois o seu oposto é o "pesquisador professor".

O trabalho dos professores é construído política e socialmente. Os parâmetros do que constitui a prática, sejam eles biográficos ou políticos, variam consideravelmente. Estreitar o foco para a "prática definida" é transformar o foco da pesquisa numa vítima das circunstâncias históricas, especialmente das forças políticas. De muitas formas, "as forças do mercado", articuladas pelos políticos da nova direita, estão tentando transformar a prática do professor em algo técnico, como um transmissor rotineiro e trivial de um pacote pré-fabricado. Aceitar essas definições e concentrar-se na "prática" assim definida é o mesmo que aceitar a sua ideologia. Quando o foco é direcionado à prática de forma estreita, a iniciativa de definir a pauta da pesquisa é passada a políticos e burocratas. Uma pesquisa bem mais autônoma e crítica será gerada se a comunidade de pesquisa adotar lentes de investigação mais potentes para o professor pesquisador. É necessário, então, irmos além da percepção do que já chamei de "fundamentalistas práticos" (GOODSON, 1995b, p. 145).

As novas tradições que buscam ampliar o foco de trabalho com os professores variam desde estudos biográficos e história de vida (GOODSON, 1981; 1988; 2013; GOODSON; WALKER, 1991), passando por biografia colaborativa (BUTT; RAYMOND; McCUE; YAMAGISHI, 2013), conhecimento profissional e micropolítico do professor (GOODSON; COLE, 1993; RUSSELL; MUNBY, 1992) e uma ampla gama de trabalhos feministas interessantes e inovadores (ACKER, 1989; 1994; DELHI, 1994; SMITH, 1990). Este trabalho busca ampliar o foco do desenvolvimento e da educação do professor, incluindo o social e o político, o contextual e o coletivo.

Os estudos com histórias de vida, em especial, tentam ampliar o foco do trabalho com os professores. Este trabalho considera os modos "professor pesquisador" e "pesquisa-ação" pontos de entrada valiosos, mas amplia o foco imediato na prática e nas salas de aula individuais. O trabalho com histórias de vida é qualitativo por excelência. O trabalho pioneiro de Thomas e Znaniecki (1927) e de outros proponentes da Escola de Chicago nas décadas de 1920 e 1930 é parte do legado qualitativo. Trabalhos subsequentes, notadamente de Dollard (1949) e Klockars (1975), continuaram a tradição da educação americana. Na Grã-Bretanha, o trabalho de Paul Thompson (1988) com o uso de histórias de vida para estudar o envelhecimento continuou a reabilitar e desenvolver a tradição das histórias de vida.

Muitos trabalhos pioneiros foram realizados em educação e desenvolvimento do professor. O trabalho de Sikes, Measor e Woods (1985) ajuda a desenvolver o nosso entendimento sobre as carreiras dos professores, como o estudo *Teacher's Lives and Careers* (BALL; GOODSON, 1989). O estudo de Hargreaves (1994), *Changing Teachers, Changing Times*, agrega um comentário contextual valioso ao nosso entendimento das enormes mudanças globais que estão afetando a vida e o trabalho dos professores.

Lawn (1990) escreve enfaticamente sobre as biografias dos professores e como o trabalho dos professores foi rapidamente reestruturado na Inglaterra e País de Gales. Ele argumenta que o professor passou de uma "responsabilidade moral" – especialmente a respeito de questões curriculares – a uma competência técnica estreita. Em suma, o ensino teve a sua área de julgamento moral e profissional gravemente reduzida. Ele resume as mudanças recentes assim:

> Nas biografias de muitos professores existem uma experiência e uma expectativa de responsabilidade curricular que não são partes da descrição do trabalho, uma tarefa, mas partes do ofício moral de ensinar, o verdadeiro dever. A tradição pós-guer-

ra do envolvimento gradual na responsabilidade curricular em âmbito primário e secundário foi o resultado do colapso da educação durante a guerra, dos aspectos de bem-estar social da educação e da reconstrução pós-guerra, em que os professores desempenharam uma função crucial e democrática. A função do ensino se expandiu à medida que os professores expandiram a função. Na sua forma ideológica nesse período, a autonomia profissional foi criada como uma ideia. Quando o consenso pós-guerra finalmente colapsou e o corporativismo foi demolido pelo Thatcherismo, mais uma vez o ensino foi reduzido, seu envolvimento na política foi podado e sua administração estreitou-se. O ensino foi reduzido a "habilidades", reuniões de planejamento, supervisão de terceiros, preparação de cursos e revisão do currículo. A "administração" deveria tornar o ensino mais "eficaz". De fato, a intenção é despolitizar o ensino e transformar o professor num trabalhador educacional. A responsabilidade curricular agora significa supervisionar competências (LAWN, 1990, p. 389).

Susan Robertson (1993) também analisa o trabalho dos professores no contexto de economias pós-fordistas (cf. uma análise mais extensa também em ROBERTSON, 2000). Ela argumenta que mais uma vez o profissionalismo dos professores foi drasticamente reconstruído e substituído por um "novo profissionalismo".

Na estrutura do novo profissionalismo, o professor enquanto trabalhador é integrado num sistema:

1) sem espaço para negociações;

2) com espaço reduzido para a autonomia; e

3) em que o valor de mercado da especialidade flexível define a própria natureza do trabalho.

Essencialmente, os professores foram separados daqueles processos em que haveria envolvimento em deliberações sobre a forma futura do seu trabalho. E apesar de muitos professores estarem cientes de que mudanças estão ocorrendo e falarem dos "bons e velhos dias", poucos estão cientes da potencial profundidade dessas mudanças mesmo quando ocorrem ao seu redor. Claramente, os educadores foram eclipsados por um núcleo de interesses do setor corporativo e interesses selecionados cooptados no estabelecimento corporativo (ROBERTSON, 1993).

Essas grandes reestruturações do trabalho e da vida dos professores ressaltam as limitações dos métodos que se concentram nos mundos práticos e pessoais dos professores. Os comentários e reminiscências pessoais e práticas dos professores se relacionam ao seu trabalho e prática. Logo, esses dados no novo domínio descrito por Lawn e Robertson serão principalmente sobre o trabalho em que o julgamento moral e profissional é cada vez menos participativo. Com foco no pessoal e no prático, são encorajados dados e estórias dos professores que se abstêm da chance de falar sobre outros costumes, outras pessoas, outros tempos e outras formas de ser professor. O foco dos métodos de pesquisa exclusivamente no pessoal e no prático é, então, uma renúncia ao direito de falar sobre questões de construção social e política. Quando tentam falar com essa voz sobre questões pessoais e práticas, pesquisador e professor perdem a voz no momento da fala, já que a voz encorajada e com direito a espaço no domínio público, no terreno do pessoal e do prático, é a voz da competência técnica, a voz do praticante isolado em sala de aula, a voz do trabalhador cujo trabalho foi reestruturado e reconstruído.

Estudando a vida e o trabalho docente num contexto social mais pleno, a intenção é desenvolver *insights*, em geral de modo fundamentado e colaborativo, sobre a construção social do ensino. Assim, as estórias de ação dos professores podem se reconectar a "histórias de contexto". Logo, as estórias dos professores, em vez de celebrarem passivamente a reconstrução contínua do ensino, passarão a desenvolver entendimentos de construção social e política. É a transição de comentários sobre o que *é* para a cognição do que *pode ser.*

O estudo da vida e do trabalho do professor enquanto construção social propicia uma lente valiosa para vermos os novos movimentos de reestruturação e reforma da educação. Butt et al. (2013) falam sobre a "crise da reforma", quando muitas das iniciativas reestruturantes e reformistas dependem de prescrições importadas para a sala de aula, mas desenvolveram-se como imperativos políticos em outra parte. Esses padrões de intervenção se desenvolvem de uma visão particular do professor, visão essa que gêneros práticos de estudo em geral se esforçam para confirmar.

Por toda a vida, os professores precisam confrontar os estereótipos negativos do "professor como robô, demônio, anjo, nervosinho" impingidos pela cultura americana. Descrições do magistério como "uma profissão monótona sem estrutura de carreira, com baixos salários, aumentos salariais sem relação com mérito" comparam-se a descrições do magistério como "um grande platô" onde "parece que o ciclo anual do ano letivo ludibria os professores num ciclo profissional repetitivo."

> Na comunidade educacional, a imagem dos professores como profissionais pela metade sem controle e autonomia sobre o próprio trabalho e como pessoas que não contribuem para a criação de conhecimento permeia e congela todo o empreendimento educacional. Os pesquisadores retiraram o professor do contexto da sala de aula, atormentaram-no com vários efeitos insidiosos (Hawthorne, novidade, Rosenthal, halo), dividiram em habilidades discretas a união de intenção e ação presente nas práticas de ensino (BUTT et al., 2013, p. 55).

De certa forma, a crise da reforma é uma crise de otimismo prescritivo, uma crença de que aquilo que é pronunciado politicamente e respaldado por arsenais de testes de responsabilização de fato ocorrerá (cf. mais adiante). Mas os dados que desafiarão essas simplificações, dados enraizados na vida e no trabalho do professor, precisarão ir além dos pontos de vista "práticos" atualmente populares para desenvolver perspectivas contextuais mais amplas.

Desenvolvendo uma contracultura: razões para estudar a vida e o trabalho docente

O projeto de análise da vida e do trabalho do professor surge de uma crença na necessidade de uma contracultura que resista à tendência comum nos estudos de pesquisa de deixar os professores "nas sombras". Essa contracultura poderia surgir de um modo de pesquisa que situa o estudo dos professores e o patrocínio das "vozes dos professores" no centro da ação da pesquisa.

A proposta que estou recomendando é essencialmente reconceituar a pesquisa educacional para garantir que a voz do professor seja ouvida, ouvida claramente, ouvida articuladamente (GOODSON, 1991, p. 36).

É óbvio que o patrocínio da voz do professor é de certo modo uma fórmula que pode ser perigosa se for seletiva demais na sua apropriação e emprego. Hargreaves (1996) invectiva convincentemente contra os riscos de os pesquisadores escolherem vozes de professores com as quais concordem, silenciando outras vozes. É claro que isso é sempre perigoso na pesquisa, especialmente numa modalidade de pesquisa que busque fortalecer outras vozes. Porém, o argumento de Butt et al. (2013) apresenta a importante aspiração de empregar as vozes dos professores para que o perigo da seletividade e apropriação possa ser enfrentado:

> A noção da voz do professor é importante porque envolve o tom, a linguagem, a qualidade, os sentimentos que são transmitidos pelo modo de falar ou escrever do professor. Num sentido político, a noção de voz do professor envolve o direito de falar e ser representado. Pode representar tanto o indi-

víduo singular quanto a voz coletiva; aquela que é característica dos professores quando comparados a outros grupos (BUTT et al., 2013, p. 57).

O ponto importante nessa citação é o potencial contracultural do conhecimento dos professores em oposição ao "grão de poder" e conhecimento detidos, produzidos e promulgados pelos políticos e gestores que controlam os sistemas educacionais.

> Embora possa parecer a alguns que a dominação atual da nova direita propicia um clima insalubre e de fato pareça improvável que apoie vozes subordinadas há muito tempo, por outro lado o movimento pós-moderno oferece vários tipos de apoio para tal desenvolvimento. O excelente trabalho de Carol Gilligan em *In a Different Voice* mostra o poder de representação das vozes de mulheres antes não ouvidas. Os novos sintagmas pós-modernos sobretudo patrocinam "a ideia de que todos os grupos têm o direito de falar por si mesmos, com a própria voz, e que essa voz seja aceita como autêntica e legítima (HARVEY, 1989, p. 48).

Além do patrocínio geral das vozes dos professores, há inúmeras razões específicas para o estudo da vida e trabalho do professor. Primeiro, esses tipos de estudos apresentam uma ampla gama de *insights* sobre os novos movimentos para a reestruturação e reforma da educação. Essas novas iniciativas têm sido amplamente promovidas, mas raramente são vistas através das lentes da vida e trabalho do professor. Partindo desse ponto de vista, faz sentido falarmos sobre uma crise da reforma – ou mais especificamente uma crise da prescrição –, já que as novas reformas e prescrições costumam funcionar em oposição à história e ao contexto da vida e trabalho do professor e, quando tais preocupações não são ouvidas, novas crises são geradas. Recentemente analisei a ênfase na crença no currículo enquanto prescrição, mas esses comentários poderiam ser facilmente generalizados numa preocupação mais séria com novas iniciativas de reforma.

O currículo enquanto prescrição (CEP) chancela a mística de que conhecimento e controle residem em governos centrais, burocracias educacionais ou na comunidade universitária. Contanto que ninguém exponha essa mística, as duas expressões "retórica prescritiva" e "educação enquanto prática" podem coexistir. Os dois lados se beneficiam com tal coexistência pacífica. A atuação do CEP é considerada "controladora" e as escolas são consideradas "transmissoras" (e podem construir um bom grau de autonomia se aceitarem as regras).

Porém, há uma desvantagem substancial nesse "acordo histórico" que tem uma implicação vital para as questões associadas às vozes dos professores.

Há custos de cumplicidade quando se aceita o mito da prescrição: isso sobretudo envolve, de várias maneiras, a aceitação de modos estabelecidos de relações de poder. Talvez o mais importante é que aqueles intimamente ligados à construção social cotidiana do currículo e da educação – os professores – são assim efetivamente desfavorecidos no "discurso da educação". Para continuar a existir, o poder cotidiano dos professores deve permanecer mudo e sem registro. É um dos preços da cumplicidade: a autonomia e o poder cotidiano para as escolas e os professores dependem da continuação da aceitação da mentira fundamental (GOODSON, 1990, p. 300).

Ao tratarmos da crise da prescrição e reforma, torna-se imperativo encontrar novas formas de patrocínio das vozes dos professores.

Como exemplo generativo, o trabalho de Casey (2013) ilustra o estudo da vida do professor para entendermos a questão amplamente discutida da "desistência do professor". Ela observa que um certo grupo de pressuposições consideradas corretas controla o modo pelo qual o problema da redução dos professores normalmente é definido – presumindo soluções administrativas – e como a linguagem confirma essa direção, referindo-se a "defecção do professor", "rotatividade de professores" e "oferta e demanda". Portanto, a questão da desistência dos professores é forçada a certos impasses investigativos tanto através das pressuposições consideradas corretas quanto das frases linguísticas que ajudam a constituir o problema.

Essa capacidade de direcionar as investigações a certos rumos e modos que sustentam o gerencialismo e a prescrição em geral é confirmada pelos métodos de pesquisa empregados na academia. Casey, por exemplo, considera que ex-membros do magistério muitas vezes foram retratados estatisticamente, não pessoalmente, e essa informação normalmente é coletada de fontes como arquivos de distritos, departamentos estatais de instrução pública ou através de levantamentos concebidos por pesquisadores. Essas estratégias em geral funcionam com o grão de poder e conhecimento detidos por gestores e elites que cercam os sistemas educacionais. Casey argumenta:

> A configuração particular de seletividades e omissões que foi embutida nesta estrutura de pesquisa enviesa os seus resultados. Ao deixar sistematicamente de registrar as vozes de professores comuns, a literatura sobre as carreiras dos educadores de fato os silencia. Metodologicamente, isso significa que até mesmo enquanto investigam uma questão em que o processo decisório é essencial, os pesquisadores especulam sobre as motivações dos professores ou, na melhor das hipóteses, realizam levantamentos que apresentam um grupo de opções de escolha obrigatória. Teoricamente, o que emerge é uma visão instrumental dos professores em que são reduzidos a objetos manipuláveis para fins determinados. Politicamente, os resultados são políticas educacionais construídas em torno de sistemas institucionalmente convenientes de recompensas e castigos em vez de uma congruência com os desejos dos

professores de gerar significância na sua vida (CA-SEY, 2013, p. 188).

Portanto, uma importância vital das vozes e testemunhos dos professores é que eles expõem a superficialidade, além de provarem a falsidade da visão gerencialista e prescritiva da educação. Assim sendo, é simples entender por que as vozes dos professores têm sido suprimidas há tanto tempo e a serviço de quais interesses alguns acadêmicos adotaram certos modos de pesquisa.

Segundo, outra razão para o estudo da vida e trabalho do professor se relaciona à literatura sobre a socialização do professor. Um tema importante de pesquisa nessa literatura designa o período de formação de ensino e as fases iniciais de estágio como a influência de socialização mais formativa na vida e trabalho do professor. Entretanto, uma tradição de pesquisa alternativa insiste em enfatizar que a questão é bem mais complexa. Muitos estudos desde a década de 1970 até a década de 1990 se concentraram nas próprias experiências dos professores enquanto alunos.

Tais experiências iniciais são consideradas não somente tão importantes quanto os períodos de formação, mas, em muitos casos, muito mais importantes. Dan Lortie (1975) refere-se a esse período estudantil como uma "aprendizagem da observação", quando a observação e a internalização dos professores representam possibilidades de funções futuras. Tal socialização do professor ocorre através da observação e internalização de certos modelos de ensino que ele vivencia como receptor. Dan Lortie argumenta que esses modelos, que chama de "modelos latentes", são ativados, não implantados, durante o período de formação, muitas vezes sendo "executados em suspensão", digamos assim, durante esse intervalo. A exploração séria dessa visão alternativa da socialização do professor exige que façamos mais trabalhos com histórias de vida que abranjam o padrão de socialização dos professores durante toda a trajetória da sua vida e trabalho no magistério.

Uma outra razão vital para o estudo da vida e trabalho do professor surge em estudos feministas, em especial no interessante trabalho de Acker e Middleton.

Esse trabalho e outros estudos feministas apresentam estudos vitais e inspiradores sobre o ensino como uma profissão de gênero (ACKER, 1989; 1994; MIDDLETON, 2013). Outros estudos específicos buscam a questão da vida e trabalho da mulher no magistério: por exemplo, a tentativa de Margaret Nelson (2013) de reconstruir as experiências de trabalho de professoras em Vermont no início do século XX é uma indicação especialmente importante da abordagem de histórias de vida ao estudo da vida e trabalho dos professores. Ela observa:

> Vários estudos mostram que existe uma lacuna entre o que podemos descobrir quando nos pautamos em relatos publicados de algum evento histórico e o que podemos descobrir quando fazemos perguntas aos participantes presentes nesses mesmos eventos. Essa lacuna cresce quando analisamos as histórias de mulheres devido à natureza privada de boa parte da vida das mulheres (NELSON, 2013, p. 168).

Ela acrescenta: "A história pública muitas vezes ignora as visões das minorias. Mas a vida da mulher é ainda mais oculta porque informações importantes são desprezadas, evitadas conscientemente ou distorcidas" (NELSON, 2013, p. 185).

Sue Middleton argumenta convincentemente que "escrever uma autobiografia torna-se, nessa estrutura, em parte um processo de desconstrução das práticas discursivas através das quais a subjetividade foi constituída" (MIDDLETON, 2013, p. 20). Nesse sentido, o seu argumento nos conduz a outra razão para estudar a vida e o trabalho docente, que de certo modo está associada à seção anterior sobre gerencialismo e prescrição. Os nossos estudos sobre a vida e o trabalho docente devem ajudar a produzir uma gama maior de conhecimento profissional centrado no professor. Já explorei esse argumento de forma abrangente, mas, em suma, a questão é como desenvolver uma modalidade de pesquisa educacional que fale tanto sobre o professor e para o professor (GOODSON, 1991; 2013; GOODSON; SIKES, 2001; GOODSON, 2005). Para direcionarmos o nosso estudo de pesquisa educacional assim, serão necessárias uma grande reviravolta e a reconceituação dos paradigmas de pesquisa educacionais. Contudo, o trabalho emergente de uma série de gêneros desde o pensamento do professor até a confecção de diários pelo professor e conhecimento profissional do professor, assim como o *corpus* emergente de trabalho sobre praticantes reflexivos e pesquisa-ação, são um ponto de partida sólido para um modo reconceituado novo de pesquisa educacional, assim como uma base para uma forma nova de profissionalismo do professor (cf. GOODSON; HARGREAVES, 1996).

Estudando a vida e a carreira dos professores

Estudos sobre a vida e o trabalho docente desenvolvem *insights* estruturais que situam a vida do professor nos ambientes profundamente estruturados e enraizados da educação. Os argumentos para o emprego de dados sobre a vida dos professores é substancial, mas, considerando a predominância dos paradigmas existentes, deve-se explicar claramente. Na pesquisa sobre escolas nas quais me envolvi – abrangendo um amplo espectro de focos de pesquisa e matrizes conceituais diferentes – a consistência[1] dos professores falando sobre a própria vida no processo de explicar suas políticas e práticas foi impressionante. Se fosse apenas uma observação pessoal, não teria valor, mas várias vezes, ao conversarem com outros pesquisadores, eles ecoaram o seu ponto. Por exemplo, David Hargreaves (HARGREAVES; HESTER; MELLOR, 1975), ao pesquisar para *Deviance in Classrooms*,

---

1. A questão de se usar "a voz do professor" como categoria genérica ou "vozes dos professores" tem importância mais do que semântica, já que qualquer voz é multifacetada, ainda que incorporada e enraizada singularmente.

notou que os professores várias vezes haviam importado comentários autobiográficos para as próprias explicações. Ele se mostrou muito preocupado, em retrospecto, com a velocidade em que esses dados haviam sido editados quando a pesquisa foi escrita. A ideia, que é a sabedoria convencional, foi que os dados eram "pessoais" demais, "idiossincráticos" demais, "suaves" demais para uma pesquisa em ciências sociais tão bem desenvolvida (GOODSON, 1981).

Obviamente, na primeira instância (e em alguns casos na última instância), é verdade que dados pessoais podem ser irrelevantes, excêntricos e essencialmente redundantes. Mas o que precisa ser compreendido é que esses elementos não são o corolário inevitável do que é pessoal. Ademais, o que é pessoal no momento da coleta pode não permanecer pessoal. Afinal, boa parte da ciência social está voltada à coleta de uma série de eventos e *insights* pessoais e à elucidação de ofertas e processos mais coletivos e generalizáveis.

O respeito pelo autobiográfico, pela "vida", é um lado de uma preocupação em evocar a voz dos professores. De algum modo, assim como outras formas de uma boa investigação etnográfica, essa forma de pesquisa educacional qualitativa está interessada em ouvir o que o professor diz, respeitar e lidar seriamente com os dados que o professor importa para os relatos. Isso então inverte a situação. Convencionalmente, os dados que não servem aos interesses e focos do pesquisador são descartados. Nesse modelo, os dados que o professor fornece têm uma propriedade mais sagrada e somente são dispensados após comprovação minuciosa de irrelevância e redundância.

Ouvir a voz do professor deveria nos ensinar que o autobiográfico, "a vida", são de interesse substancial quando os professores falam sobre o seu trabalho. E, no âmbito do senso comum, essa questão essencialmente não me surpreende. O que acho surpreendente, se não for francamente irracional, é que por tanto tempo alguns pesquisadores tenham eliminado essa parte do relato do professor como se fosse um dado irrelevante.

A formação e as experiências de vida obviamente são ingredientes fundamentais da pessoa que somos, do nosso sentido de individualidade. À medida que investimos a nossa "individualidade em nosso ensino, a experiência e a formação formatam a nossa prática".

Um elemento comum nos relatos de muitos professores sobre a sua formação é a presença de um professor favorito que influenciou substancialmente a pessoa quando esta era uma jovem estudante. Esses professores muitas vezes relatam que "foi essa pessoa que me convenceu a ensinar" ou que "eu estava na sala de aula dela quando decidi que queria ser professor". Em resumo, essas pessoas são um "exemplo" e presumivelmente influenciam a visão subsequente de pedagogia desejável, além de uma possível escolha da especialidade disciplinar.

Muitos outros ingredientes da formação são importantes na vida e prática do professor. Crescer num ambiente da classe operária pode, por exemplo, oferecer experiências e *insights* valiosos ao ensinarmos alunos de formação similar. Certa vez observei um professor que tinha crescido na classe operária ensinar uma turma de alunos de uma escola de formação geral em East End, Londres. Ele ensinava falando *cockney*, a linguagem local, e a sua afinidade era um aspecto impressionante do seu sucesso como professor. Na minha entrevista falei sobre a sua afinidade e ele observou que "é porque eu sou da área, né?" A formação e a experiência de vida foram, então, um aspecto importante da sua prática. E assim seria o caso de professores da classe média ensinando crianças da classe operária ou professores originários da classe operária ensinando crianças da classe média. A formação é um ingrediente importante na dinâmica da prática (cf. LORTIE, 1975).

É evidente que, embora classe, gênero e etnia sejam apenas uma parte de um quadro maior, as experiências de vida e formação dos professores são idiossincráticas, únicas e devem ser exploradas em sua total complexidade. O tratamento de questões de gênero muitas vezes é historicamente inadequado (cf. SIKES et al., 1985). Trabalhos recentes são mais encorajadores – cf. Nelson (2013), Smith (1990), Casey (2013) e Middleton (2013).

O *estilo de vida* do professor, dentro e fora da escola, suas identidades e culturas latentes, impactam as visões de ensino e a prática. O trabalho de Becker e Geer (1971) sobre culturas e identidades latentes provê uma base teórica valiosa.

O estilo de vida obviamente muitas vezes é um elemento característico em certas coortes. Por exemplo, trabalhos sobre a geração de professores da década de 1960 seriam de grande valor no estudo de profissionais que entraram com compromissos profundos e particulares diante da educação como veículo de mudança e justiça social. Num estudo recente de um professor com foco em seu estilo de vida, Walker e eu declaramos:

> As conexões entre a cultura jovem e o movimento de reforma do currículo da década de 1960 são mais complexas do que imaginávamos em princípio. Para Ron Fisher, definitivamente existe uma conexão, ele se identifica fortemente com a cultura jovem, que considera importante no seu ensino. Mas apesar da sua atração pelo *rock* e estilos de vida adolescentes, foi com a escola que ele se comprometeu, quase contra o seu próprio senso de direção. O envolvimento na inovação, ao menos para Ron, não é simplesmente uma questão de envolvimento técnico, e sim de contato com facetas significativas da sua identidade pessoal. Isso suscita uma questão ao desenvolvedor do currículo: como pareceria um projeto se o seu objetivo explícito fosse mudar os professores, não o currículo? Como você elaboraria um projeto que interessasse ao professor enquanto pessoa, não ao professor enquanto educador? Quais seriam os efeitos e consequências da implementação desse projeto? (GOODSON; WALKER, 1991, p. 145).

Isso mostra como o trabalho nessa área começa a forçar uma reconceituação dos modelos de desenvolvimento do professor. Em resumo, passamos do professor enquanto prática para o professor enquanto pessoa como o nosso ponto de partida para o desenvolvimento.

O *ciclo de vida* dos professores é um aspecto importante da vida e desenvolvimento profissional. É uma característica única do ensino, já que o professor essencialmente confronta coortes "eternas". Isso intensifica a importância do ciclo de vida para as percepções e práticas.

O foco no *ciclo de vida* gera *insights* para muitos dos elementos únicos do ensino. De fato, uma característica tão única pareceria um ponto de partida óbvio para a reflexão sobre o mundo dos professores, porém os nossos paradigmas de pesquisa estão voltados tão enfaticamente a outras direções que houve poucos trabalhos nessa área até hoje.

Felizmente os trabalhos em outras áreas propiciam uma estrutura valiosa. O trabalho de certa forma populista de Gail Sheehy em *Passages* (1976), *Pathfinders* (1981) e *New Passages* (1995) é importante, assim como o trabalho de pesquisa realizado por Levinson, que embasa algumas das publicações de Sheehy. O trabalho de Levinson, embora lamentavelmente voltado somente aos homens, sugere alguns *insights* generativos sobre como as nossas perspectivas em certas fases da vida afetam crucialmente o nosso trabalho profissional (para saber sobre a vida de mulheres, cf. o trabalho publicado em LEVINSON, 1996).

Considere por exemplo o estudo de caso de John Barnes, um biólogo acadêmico. Levinson escreve sobre o seu "sonho" de ser um pesquisador premiado da área de biologia:

> O sonho de Barnes se tornava mais urgente à medida que se aproximava dos 40 anos. Ele acreditava que os trabalhos mais criativos da ciência são realizados antes disso. Uma conversa nessa época com um antigo

amigo do seu pai o impressionou muito. Esse senhor havia confidenciado que agora já aceitava a sua falha em se tornar um "astro do direito" e estava contente em ser um advogado tributarista competente e respeitado. Ele havia decidido que estrelato não é sinônimo de uma vida boa; estava "perfeitamente certo ficar em segundo lugar". Na época, porém, Barnes não estava preparado para minimizar a sua ambição. Em vez disso, decidiu deixar a presidência e dedicar-se inteiramente à sua pesquisa.

Ele abandonou a presidência quando tinha quase 41 anos, e o seu projeto passou para a fase final. Foi um momento crucial para ele, o ápice de anos de luta. Por vários meses, uma série de distrações exigiu a sua atenção e aumentou o suspense. Ele se tornou pai de um menininho e na mesma semana recebeu a proposta de uma vaga de prestígio em Yale. Lisonjeado e animado, achou que seria a sua "última chance de receber uma grande proposta". Mas no fim Barnes recusou. Descobriu que não conseguiria mudar naquela fase do seu trabalho. Além disso, os seus vínculos com parentes e amigos, e o amor pelo seu lugar, agora eram muito mais importantes para ele e Ann. Ela disse: "Os elogios quase o convenceram, mas agora nós dois estamos felizes por termos ficado" (LEVINSON, 1979, p. 267).

Essa citação mostra que as definições da nossa localização profissional e da direção da nossa carreira somente podem ser determinadas através de um entendimento minucioso da vida das pessoas. Estudos sobre vida profissional e padrões de desenvolvimento profissional devem abordar essa dimensão do pessoal.

As fases da carreira e as *decisões da carreira* também podem ser analisadas. Trabalhos sobre a vida e a carreira do professor cada vez mais comandam a atenção em oficinas e cursos de desenvolvimento profissional. Por exemplo, a Open University, na Inglaterra, agora usa a nossa obra *Teacher's Lives and Careers* (BALL;

GOODSON, 1989) como um dos livros obrigatórios do seu curso. É uma indicação discreta, porém sintomática de mudanças importantes no modo pelo qual os cursos profissionais estão sendo reorganizados para permitir a concentração na perspectiva da carreira do professor.

Além da seleção de estudos sobre carreiras de *Teacher's Lives and Careers*, uma série de novas pesquisas está começando a analisar esse aspecto negligenciado da vida profissional do professor. O trabalho de Sikes et al. (1985) sugere novos *insights* valiosos sobre como os professores constroem e veem as próprias carreiras de ensino. Trabalhos mais recentes sobre estilos de vida das mulheres que agregam a trabalhos anteriores sobre os estágios de vida dos homens ajudarão novos estudos nessa área (cf. LEVINSON, 1979; 1996).

Ademais, os trabalhos sobre a carreira do professor apontam para o fato de que há *incidentes críticos* na vida do professor e especificamente no seu trabalho que podem afetar crucialmente percepção e prática. Certamente trabalhos sobre professores iniciantes indicam a importância de certos incidentes para a formatação de estilos e práticas dos professores (cf. LORTIE, 1975).

Outros trabalhos sobre incidentes críticos na vida do professor podem confrontar temas importantes contextualizados numa perspectiva de vida plena. O trabalho recente de David Tripp (1994) fornece uma série de exemplos elegantes de estudos sobre incidentes críticos. Kathleen Casey também emprega "narrativas de histórias de vida" para entender o fenômeno de desistência dos professores, especificamente professoras, e desistência de professoras ativistas (CASEY, 1988; 2013; CASEY; APPLE, 1989). O seu trabalho ajuda a entender esse fenômeno que hoje vem sendo alvo de muita atenção essencialmente acrítica em vista do problema de carência de professores. Mesmo assim, poucos países que sofrem muito com a carência de professores se importaram em financiar estudos sérios sobre a vida do professor para analisar e ampliar o nosso entendimento acerca do fenômeno de desistência dos professores. Afirmo que apenas uma abordagem assim possibilita a ampliação do nosso entendimento, o que é particularmente importante quando novas iniciativas, como aquelas sugeridas pelo Partido Trabalhista no Reino Unido, buscam trazer de volta à profissão professores com mais de 50 anos.

O mesmo acontece com muitos outros temas importantes no trabalho dos professores. A questão do estresse e exaustão do professor seria estudada melhor partindo-se de perspectivas de histórias de vida, assim como a questão do ensino eficaz e da adoção de inovações e novas iniciativas administrativas. Sobretudo no estudo sobre as condições de trabalho do professor, essa abordagem tem muito a oferecer.

Os estudos sobre a vida do professor podem nos permitir ver o indivíduo em relação à história do seu tempo, possibilitando-nos enxergar a interseção da história de vida com a história da sociedade, assim iluminando as escolhas, contingências e opções abertas ao indivíduo. "Histórias de vida" de escolas, disciplinas e magistério proveriam uma base contextual vital. O foco inicial na vida do professor, portanto, reconceituaria os nossos estudos sobre educação e currículo de formas bastante básicas (cf. GOODSON, 1991; 1995a).

Essas abordagens diferentes ao estudo da vida do professor podem parecer lineares e lógicas demais para algumas tendências pós-modernas atuais, portanto podem ser atacadas por uma das posturas pós-modernas mais vigentes devido ao desejo de se prover coerência e fechamento às vidas díspares e diversas no ensino. Tais pós-modernidades atuais fluem facilmente das canetas de alguns acadêmicos que estudam os professores, especialmente aqueles que nunca ensinaram numa escola. Mas essas pessoas olham na direção errada em busca do "fechamento" da vida do professor – os nossos discursos acadêmicos não são o principal local onde o fechamento ocorre, ainda que possamos desejar acreditar na sua centralidade.

A vida do professor está sujeita a graus de fechamento porque ocorre num dos espaços sociais mais circunscritos historicamente. As escolas são submetidas a uma série de regras, editais, provas, responsabilizações e avaliações do governo que promovem parâmetros para as ações dos professores. Além disso, os professores estão sujeitos a uma socialização sistemática e invasiva durante a sua formação, treinamento e estágio. A circunscrição do espaço e a natureza sistêmica da socialização são o que predominantemente "estrutura" e "fecha" a vida do professor.

Portanto, seguir a moda pós-moderna e ver os professores como indivíduos com "individualidades" que são livres e múltiplas, sujeitas a fluxos e mudanças constantes, ignora os espaços circunscritos e as trajetórias socializadas da vida do professor.

As estratégias de autoeducação, portanto, ocorrem em justaposição às práticas institucionalizadas e socializadas da educação (GOODSON, 2013; 2014; GOODSON et al., 2017). Ao concentrar nossos estudos na vida e trabalho do professor em arenas institucionais fortemente patrulhadas, a intenção, longe de ser a busca por fechamento acadêmico, é abrir espaço para a reflexividade. Tal trabalho objetiva desenvolver estratégias para os professores escrutinarem e analisarem o seu mundo profissional – a sua vida no magistério – em modos que ofereçam uma resposta flexível e informada ao mundo socialmente construído da educação da melhor forma possível.

Referências

ACKER, S. (ed.) (1989). *Teachers, gender, and careers*. Londres/Nova York/Filadélfia: Falmer Press.

ACKER, S. (1994). *Gendered experience*. Milton Keynes: Open University Press.

BALL, S.; GOODSON, I.F. (1989). *Teachers' lives and careers*. 2. ed. Londres/Nova York/Filadélfia: Falmer/Open University/Open University Set Book.

BECKER, H.S.; GEER, B. (1971). Latent culture: A note on the theory of latent social roles. In: COSIN, B.R. et al. *School and society: A sociological reader*. Londres: Routledge/Kegan Paul, p. 56-60.

BUTT, R.; RAYMOND, D.; McCUE, G.; YAMAGISHI, L. (2013). Collaborative autobiography and the teacher's voice. In: GOODSON, I.F. (ed.). *Studying teachers' lives*. Londres: Routledge, p. 51-98.

CASEY, K. (1988). *Teacher as author: Life history narratives of contemporary women teachers working for social change*. Madison: University of Wisconsin [Tese de doutorado].

CASEY, K. (2013). Why do progressive women activists leave teaching? Theory, methodology and politics in life history research. In: GOODSON, I.F. (ed.). *Studying teachers' lives*. Londres: Routledge, p. 187-208.

CASEY, K.; APPLE, M.W. (1989). Gender and the conditions of teachers' work: The development of understanding in America. In: ACKER, S. (ed.). *Teachers, gender, and careers*. Londres/Nova York/Filadélfia: Falmer Press.

CONNELLY, M.; CLANDININ, J. (1989). *Teachers as curriculum planners*. Nova York: Teachers College Press.

DELHI, K. (1994). Subject to the new global economy: Power and positioning in Ontario labour market policy formation. In: COULTER, R.P.; GOODSON, I.F. (eds.). In: *Rethinking vocationalism: Whose work/life is it?* Toronto: Our Schools/Ourselves, p. 113-141.

DOLLARD, J. (1949). *Criteria for the life history*. New Haven: Yale University Press.

GOODSON, I.F. (1981). Life history and the study of schooling. *Interchange*, Ontario Institute for Studies in Education, 11(4), p. 62-76.

GOODSON, I.F. (1988). *The making of curriculum: Collected essays*. Londres/Nova York/Filadélfia: Falmer Press.

GOODSON, I.F. (1990). Studying curriculum: Towards a social constructionist perspective. *Journal of Curriculum Studies*, 22(4), p. 299-312.

GOODSON, I.F. (1991). Sponsoring the teacher's voice: Teachers' lives and teacher development. *Cambridge Journal of Education*, 21(1), p. 35-45.

GOODSON, I.F. (1995a). Teachers, life histories and studies of curriculum and schooling. In: GOODSON, I.F. *The making of curriculum: Collected essays*. 2. ed. Londres: Falmer, p. 71-92.

GOODSON, I.F. (1995b). Education as a practical matter: Some issues and concerns. *Cambridge Journal of Education*, 25(2), p. 137-147.

GOODSON, I.F. (2005). *Learning, curriculum and life politics: The selected works of Ivor F. Goodson*. Routledge: Abingdon.

GOODSON, I.F. (2013). *Developing narrative theory: life histories and personal representation*. Londres/Nova York: Routledge.

GOODSON, I.F. (ed.) (2013). *Studying teachers' lives*. Londres: Routledge/Nova York/Toronto: Teachers College Press/Oise.

GOODSON, I.F. (ed.) (2017) et al. *The Routledge international handbook on narrative and life history*. Londres/Nova York: Routledge.

GOODSON, I.F.; COLE, A. (1993). Exploring the teacher's professional knowledge. In: McLAUGHLIN, D.; TIERNEY, W.G. (eds.). *Naming silenced lives*. Londres/Nova York: Routledge, p. 71-94.

GOODSON I.F.; GILL, S. (2014). *Critical narrative as pedagogy*. Londres/ Nova York: Bloomsbury Publishing.

GOODSON, I.F.; HARGREAVES, A. (eds.) (1996). *Teachers' professional lives*. Londres/Nova York/Filadélfia: Falmer Press.

GOODSON, I.F.; SIKES, P. (2001). *Life history research in educational settings: Learning from life*. Buckingham/Filadélfia: Open University Press.

GOODSON, I.F.; WALKER, R. (1991). *Biography, identity and schooling: Episodes in education research*. Londres/Nova York/Filadélfia: Falmer Press.

HARGREAVES, A. (1994). *Changing teachers, changing times*. Toronto/ Nova York: Ontario Institute for Studies in Education Press/Teachers College Press.

HARGREAVES, A. (1996). Revisiting voice. *Educational Researcher*, 25(1), p. 12-19.

HARGREAVES, D.H.; HESTER, S.; MELIOR, F. (1975). *Deviance in classrooms*. Londres: Routledge & Kegan Paul.

HARVEY, D. (1989). *The condition of post modernity: An enquiry into the origins of cultural change.* Oxford: Basil Blackwell.

HOBSBAWM, E. (1994). *Age of extremes: The short twentieth century, 1914-1991.* Londres: Michael Joseph.

KLOCKARS, C.B. (1975). *The professional fence.* Londres: Tavistock.

LAWN, M. (1990). From responsibility to competency: A new context for curriculum studies in England and Wales. *Journal of Curriculum Studies,* 22(4), p. 388-392.

LEVINSON, D.J. (1979). *The seasons of a man's life.* Nova York: Ballantine Books.

LEVINSON, D.I.; LEVINSON, J.D. (1996). *The seasons of a woman's life.* Nova York: Alfred A. Knopf.

LORTIE, D. (1975). *Schoolteacher: A sociological study.* Chicago: University of Chicago Press.

MIDDLETON, S. (2013). Developing a radical pedagogy: Autobiography of a New Zealand sociologist of women's education. In: GOODSON, I.F. (ed.). *Studying teachers' lives.* Londres: Routledge, p. 18-50.

NELSON, M. (2013). Using oral histories to reconstruct the experiences of women teachers in Vermont, 1900-1950. In: GOODSON, I.F. (ed.). *Studying teachers' lives.* Londres: Routledge, p. 167-186.

ROBERTSON, S. (1993). *Teachers' labour and post-Fordism: An exploratory analysis.* Perth: Cowan University [mimeo.].

ROBERTSON, S. (2000). *A Class Act: Changing teachers' work, globalisation and the state.* Nova York: Garland/Falmer.

RUSSELL, T.; MUNBY, H. (ed.) (1992). *Teachers and teaching from classroom to reflection.* Londres/Nova York/Filadélfia: Falmer Press.

SIKES, P.; MEASOR, L.; WOODS, P. (1985). *Teachers' careers.* Londres/Nova York/Filadélfia: Falmer Press.

SHEEHY, G. (1976). *Passages: Predictable crises in adult life.* Nova York: Dutton.

SHEEHY, G. (1981). *Pathfinders.* Londres: Sidgwick & Jackson.

SHEEHY, G. (1995). *New passages: Mapping your life across time.* Toronto: Random House.

SMITH, D.E. (1990). *Conceptual practices of power: A feminist sociology of knowledge.* Toronto: University of Toronto Press.

THOMAS, W.I.; ZNANIECKI, F. (1927). *The Polish peasant in Europe and America.* 2. ed. Chicago: University of Chicago Press.

THOMPSON, P. (1988). *The voices of the past: Oral history.* 2. ed. Toronto: Oxford University Press.

TRIPP, D. (1994). Teachers' lives, critical incidents, and professional practice. *International Journal of Qualitative Studies in Education*, 7(1), p. 65-76.

3
Educação como questão prática: alguns problemas e preocupações

I.F. Goodson

Há momentos em que muitos de nós sentimos uma distância estranha entre o ethos *da educação do professor e as vidas vividas do público a quem esperamos que as escolas possam responder. Há momentos em que sinto uma lacuna parecida entre nós e muitos dos professores daquelas escolas. Penso em algumas das nossas normas, nossos estilos de explicação, nossas maneiras de expor as coisas* (GREENE, 1991, p. 541).

O objetivo deste capítulo é explorar por que o número expressivo de pesquisas educacionais raramente parece útil ao professor. Uma questão secundária é como essa irrelevância foi estruturada e mantida ao longo dos anos. Acho que há muitos fatores, mas aqui eu me concentro em três problemas particularmente agudos. Primeiro, a função das disciplinas mais antigas no estudo da educação. Segundo, a função das faculdades de educação ou escolas de educação em geral[2]. Terceiro, de forma relacionada ao declínio dos estudos disciplinares e à crise nas faculdades de educação, os perigos implícitos numa adoção demasiadamente apressada da panaceia de estudos mais *práticos* da educação.

Ao analisar a função das faculdades de educação e estudos educacionais em geral, concordo com a substância do que agora é uma crítica consolidada e bem-estabelecida, mas desejo discordar das conclusões e soluções sugeridas. O meu interesse é recuperar e reconceituar as missões teóricas originais do estudo educacional, mas fazer isso de formas que sejam sistemática e estruturalmente comprometidas com a vida e o trabalho docente.

De fato, o declínio da Modernidade faz desse tempo um momento interessante para a consideração dessas questões devido ao declínio associado e em alguns casos ao colapso dos cânones disciplinares que serviram de base a boa parte da pesquisa educacional. O estudo disciplinar da educação – i. e., história da educação, filosofia da educação, sociologia da educação etc. – sempre teve um alcance incerto sob os domínios da tradição prática. Muito antes da Pós-modernidade, existia uma visão comum entre os praticantes de que o estudo disciplinar da educação era amplamente irrelevante aos seus interesses. Esse problema das disciplinas mais antigas surge em muitos casos porque os estudiosos que trabalham em modos disciplinares normalmente desenvolvem uma primeira lealdade à sua disciplina principal. Embora isso não seja intrinsecamente ou inevitavelmente um problema, muitas vezes surte o efeito de divorciar esses estudiosos do mundo da educação. Esse problema é exacerbado quando aqueles que lidam com as disciplinas adotam uma postura não intervencionista a respeito das escolas. Além disso, é muito comum que tais estudiosos não tenham experiência prévia em escolas.

---

2. Os nomes variam de faculdade de educação a escola de educação, colégio de educação, departamento de educação. Aqui usamos Faculdade de Educação como categoria genérica.

A dificuldade estratégica do argumento apresentado aqui é sintomática em si mesma. Pondero que a missão teórica, especialmente representada pelos estudiosos disciplinares, corre perigo. Portanto, começo parecendo ser contra o estudo disciplinar. Muitos que compartilham essa crítica buscam redirecionar o trabalho para um estudo de campo, coleta de estórias pessoais, desenvolvimento de conhecimento prático (mesmo em um caso, a elisão dos dois como conhecimento pessoal e prático). Mas também desejo discordar dessa interpretação. Parece que sou patologicamente crítico ou que são tempos difíceis para defender e reinscrever a missão teórica!

Em termos gerais, a minha posição é que apoio firmemente o estudo teórico e crítico da educação. Acredito que os estudiosos disciplinares defenderam bravamente essa missão teórica, mas tornaram-se vítimas do "pacto com o diabo" envolvido no seu lugar dentro das universidades. Não foi a missão teórica que falhou, e sim os termos da sua localização estrutural. Também admiro aqueles que tentaram construir novos modos de estudo educacional que buscam redirecionar o trabalho de volta a professores e escolas. Porém, em geral, acho que eles se apressaram em termos teóricos. Acolheram de novo corajosamente as escolas e a prática, mas ao longo do caminho entregaram a sua missão teórica e crítica.

Devemos sempre nos lembrar do ponto histórico central de que teoria e prática não estão inevitavelmente ou intrinsecamente divorciadas: são as estruturas e as missões institucionalizadas que geraram o divórcio recente. Mas estruturas novas e práticas institucionalizadas poderiam consumar um novo casamento. Historicamente, a relação entre teoria e prática segue um padrão cíclico.

Certamente, as histórias da relação entre teoria e prática apontam para diferenciais largos na lacuna entre as duas. A dicotomia, longe de ser larga e intratável, parece ser, ao menos parcialmente, tratável e altamente variável com o passar do tempo. Simon (1985) analisou a relação entre teoria e prática em três períodos: 1880-

1900, 1920-1940 e 1940-1960. No primeiro e último período descobriu "uma relação próxima entre teoria e prática". Por exemplo, em 1880-1900:

> Devido a toda uma concatenação de razões e uma variedade de motivos, pensava-se que as massas deveriam ser educadas ou pelo menos escolarizadas – e eram. Toda essa empreitada foi de certo modo fortalecida por uma ideologia – ou postura teórica – que enfatizava a educabilidade de uma criança normal, visão sustentada pelos avanços na área de psicologia e fisiologia relacionada à aprendizagem humana (SIMON, 1985, p. 49).

O ponto sublinhado pela citação e o indício sobre esse período histórico é que o potencial para uma relação próxima ou, no outro extremo, nenhuma relação, entre teoria e prática depende das condições políticas da época, notadamente expressa nos objetivos sociais e missões definidos para as nossas escolas públicas.

No momento, teoria e prática estão sendo cada vez mais distanciadas e não são apenas os praticantes escolares que têm um senso de irrelevância e alienação. O seguinte excerto é de uma carta escrita por um novo membro da faculdade de um departamento fundamental de uma faculdade de educação e ilustra os sentimentos agudos de isolamento e alienação comuns nesses departamentos.

> Um grande avanço! Numa conversa com uma das minhas colegas outro dia, mencionei por acaso que estava interessado em pesquisa de campo e desenvolvimento do professor. Com um olhar um tanto perplexo, ela sugeriu que eu conversasse com o presidente de uma das outras divisões da faculdade (divisão: que palavra apropriada!). De qualquer modo, foi o que fiz. E vejam só! Foi como uma porta aberta para um mundo totalmente novo – pessoas que falam a mesma língua, com ideias e perspectivas similares sobre pesquisa e educação do professor.

Desde então tenho recebido anúncios dos próximos eventos pertinentes, fui sondada por outros membros daquela divisão da faculdade sobre possível colaboração em alguns projetos e convidada a apresentar um trabalho como parte da série de seminários regulares da divisão sobre educação do professor. É difícil de acreditar como eu desconhecia completamente tudo o que estava acontecendo ao meu redor – e o prédio não é tão grande, acredite! (KNOWLES; COLE, 1991).

A jovem membro da faculdade no departamento fundamental rapidamente escapou para uma nova posição após a experiência de constatar a estreiteza dos interesses do seu departamento. Embora nada disso indique uma prova conclusiva de irrelevância, é possível perceber por que os praticantes na escola podem também, com o passar do tempo, passar a ver esse grupo fundamental e sua pesquisa como algo irrelevante. Aqui concordo com o que Schwab (1978) diz a respeito da pesquisa curricular e acho que também se aplica a boa parte da pesquisa educacional disciplinar. Ele afirma que a área do currículo é "moribunda":

É incapaz, pelos seus princípios e métodos atuais, de continuar o seu trabalho e contribuir significativamente para o avanço da educação. Exige novos princípios que gerem uma nova visão do caráter e variedade dos seus problemas. Exige novos métodos apropriados ao novo orçamento dos problemas (SCHWAB, 1978, p. 287).

Há vários pontos em que a credibilidade fica comprometida – a clara lealdade à disciplina principal e não ao esforço educacional; a distância, ocasionalmente o desdém, na relação com a escola e os professores; a falta de experiência de ensino em escolas. Nada disso individualmente representa um obstáculo insuperável à comunicação, mas juntos levam a um colapso da credibilidade.

Em suma, é hora de os estudiosos de disciplinas reanalisarem o seu terreno e refazerem as suas lealdades. Do jeito como está, a disfuncionalidade de tantos estudos disciplinares e ensino é uma tragédia para as faculdades de educação. Isso é verdade notadamente porque muitos bons proponentes da missão teórica estão situados em disciplinas fundamentais. A virtuosidade teórica e acadêmica de muitos estudiosos disciplinares atualmente está sendo desperdiçada pelo deslocamento dos seus interesses e sua história institucional. O problema dos estudos disciplinares não é lidar primordialmente com alguma falta de talento e boa vontade da parte dos membros da faculdade, e sim predominantemente um problema de relações estruturais.

O diagnóstico de Schwab dos problemas a respeito da pesquisa curricular deve ser lido em associação às restrições de Veblen (1962), Clifford e Guthries (1988) sobre as relações estruturais e acadêmicas entre as faculdades de educação e o ensino. Aqui temos um segundo exemplo de "deslocamento de meta". Veblen afirma, "a diferença entre a universidade moderna e as escolas é ampla e simples; não tanto uma diferença de grau, mas de tipo" (VEBLEN, 1962, p. 15). Tal distinção de propósito e missão

> inevitavelmente os conduz a cortejar uma aparência enganosa de estudo e então adornar a sua disciplina tecnológica com um grau de pedantismo e sofisticação que talvez dê a essas escolas e seu trabalho algum prestígio científico e acadêmico (VEBLEN, 1962, p. 23).

A ressonância das restrições de Veblen são confirmadas no trabalho recente de Clifford e Guthries:

> A nossa tese é que as escolas de educação, especialmente aquelas localizadas nos *campi* de universidades de pesquisas renomadas, foram capturadas descuidadamente pelas culturas acadêmicas e políticas das suas instituições e negligenciaram suas lealdades profissionais. São como homens margi-

nais, estranhos em seu próprio mundo. Raramente conseguem satisfazer as normas escolares dos seus colegas de ciência e dos regimentos do *campus*, sendo simultaneamente apartados dos seus companheiros profissionais de prática. Quanto mais remam em direção à costa da pesquisa acadêmica, mais distantes ficam das escolas públicas às quais têm o dever de servir. Em contrapartida, esforços sistemáticos em tratar dos problemas aplicados das escolas públicas colocam as escolas de educação em risco nos seus próprios *campi* (CLIFFORD; GUTHRIE, 1988, p. 3-4).

Em resumo, as escolas de educação podem ter "vendido a alma ao diabo" ao ingressarem no ambiente acadêmico. O resultado foi que a sua missão deixou de estar interessada principalmente em questões essenciais à prática da educação e passou a se voltar a questões de passagem de *status* através de estudos universitários mais convencionais. A dominância resultante dos modos "disciplinares" convencionais exerceu um impacto desastroso sobre a pesquisa educacional.

Pode não ser verdade que, como afirma Adam Smith, "toda profissão é uma conspiração contra o povo", mas certamente é verdade que grupos profissionais constroem as suas "missões" em termos da busca por *status* e recursos, assim como ideais. Portanto, as faculdades de educação codificaram e criaram corpos de conhecimento para maximizar os termos da "venda da alma ao diabo". Corpos de conhecimento foram criados com duas funções principais: a criação de um *corpus* de "conhecimento especialista" com o qual instruir os professores estagiários; segundo, e de forma associada, corpos de conhecimento foram criados para maximizar o *status* e a estima dentro do ambiente da universidade. A teoria disciplinar serviu aos dois propósitos e simbolicamente consagra os propósitos essencialmente acadêmicos e estudiosos das faculdades de educação. Se um efeito colateral dessas estratégias foi reduzir a colaboração e pesquisa de campo, parece que isso foi considerado um preço que valia a pena pagar.

A venda da alma ao diabo por parte da educação foi uma forma especialmente perniciosa de um deslocamento mais geral do discurso e debate que cercavam a evolução da produção de conhecimento acadêmico. O conhecimento acadêmico se desenvolveu de forma separada e distinta do conhecimento público, como observa Mills (1979):

> Homens de conhecimento não se orientam exclusivamente em direção à sociedade total, mas a segmentos especiais dessa sociedade com demandas especiais, critérios de validade, de conhecimento significativo, de problemas pertinentes etc. É através da integração dessas demandas e expectativas de públicos particulares que podem ser localizados efetivamente na estrutura social que os homens de conhecimento organizam o próprio trabalho, definem seus dados, exploram seus problemas (MILLS, 1979, p. 613).

Segundo Mill, tal localização estrutural de "homens de conhecimento" [sic] na universidade poderia representar profundas implicações ao debate e discurso público. Mills acreditava que isso aconteceria se o conhecimento produzido assim não tivesse relevância pública, especialmente se não se relacionasse a interesses públicos e práticos:

> Somente quando os representantes públicos e líderes são sensíveis e responsáveis é que os assuntos humanos ficam em ordem democrática, e somente quando o conhecimento tem relevância pública essa ordem é possível. Somente quando a mente tem base autônoma, independente de poder, mas poderosamente relacionada ao poder, ela pode exercer a sua força na formatação dos assuntos humanos. Essa postura é democraticamente possível somente quando existe um público livre e informado, a

quem os homens de conhecimento possam se dirigir e por quem os homens de poder são realmente responsáveis. Tal público e tais homens – sejam de poder ou conhecimento – não prevalecem agora e, portanto, o conhecimento agora não tem relevância democrática na América (MILLS, 1979, p. 613).

O dilema enfrentado pelos produtores de conhecimento que Mills descreve é agudo quando esse conhecimento se relaciona à educação. Nas escolas, o conhecimento é transmitido às futuras gerações. Se o nosso conhecimento dessa transmissão de conhecimento for ruim, sofreremos um risco duplo: a educação está tão intimamente ligada à ordem social que, ou o nosso conhecimento da educação é inadequado ou não tem relevância pública, então os principais aspectos da vida social e política são obscurecidos. Na realidade, o futuro da democracia em qualquer sentido significativo é questionado.

Logo, a questão "onde está a pesquisa educacional" é de grande importância. Mills se aproxima da natureza do nosso dilema e descreve as implicações de se vender a alma ao diabo ao falar do modo pelo qual os "homens de conhecimento" se orientam a "segmentos especiais da sociedade". Foi esse o destino de muitas teorias educacionais e curriculares, e o efeito, segundo Mills, é que grupos diferentes "conversam, mas não se comunicam". Com poucas exceções, eu diria que é precisamente essa a relação entre as faculdades de educação e os praticantes das escolas: eles constituem um modelo de como conversar sem se comunicar.

O ponto crucial que deve ser percebido, porém, é que a comunicação e o contínuo deslocamento entre teoria e prática não são um problema intrínseco, e sim socialmente estruturado. Novas estruturas de colaboração e formas de conhecimento podem amenizar rapidamente os problemas atuais.

Um modo de resumir o dilema é que a localização estrutural das faculdades de educação levou a uma política particular de representação a respeito das escolas em geral e professores em especial. A política da representação tem muito a ver com ser "capturado descuidadamente pelas culturas acadêmicas e políticas das universidades", portanto capturado pelas missões dominantes e passagens de *status* dessas instituições. Para conquistar uma estima escolar através de objetividade espúria e procedimentalismo científico, a educação e os professores são representados por estudiosos da educação de maneiras peculiares. No período pós-guerra, os professores eram representados na maioria das vezes em pesquisas em larga escala ou em vários cálculos e correlações estatísticas. Quando dados mais qualitativos eram apresentados, o professor (normalmente ele) era visto como uma figura um tanto quanto imutável que exercia a sua função em resposta às expectativas tradicionais da sociedade. Raramente apareciam nos relatos diversidade, ambivalência e marginalidade, muito menos resistência e contestação.

Nas décadas de 1970 e 1980, métodos mais qualitativos abriram um conhecimento maior dos processos e práticas escolares, mas até mesmo naquela época

> os pesquisadores não haviam confrontado a complexidade do professor de escola enquanto agente ativo que faz a própria história. Os pesquisadores, mesmo depois de pararem de tratar o professor como agregado numérico, nota de rodapé histórica ou profissional inócuo, ainda tratavam os professores como tipos intercambiáveis que não mudavam com as circunstâncias nem com o tempo (GOODSON, 2013, p. 4).

A política da representação associada à venda da alma ao diabo surtiu, portanto, um efeito pernicioso sobre a representação dos professores. A tarefa é usar a crise atual para reordenar prioridades e desenvolver padrões de pesquisa e representação que resgatem vidas silenciosas e vozes silenciadas. É necessário um novo modo colaborativo com foco na vida e trabalho do professor, mas mantendo uma dimensão teórico-crítica reflexiva, e as faculdades de educação devem desempenhar uma função proativa.

Os problemas das faculdades de educação são especialmente preocupantes devido ao clima político em que funcionamos atualmente. Gostaria de esclarecer que a minha missão, ao buscar reconceituar a pesquisa educacional, é recuperar e reconstituir uma das missões importantes, mas tão negligenciada, nas faculdades de educação: a análise crítica e teórica e elucidações da educação e das práticas institucionalizadas adotadas nas escolas.

O que é urgentemente necessário é uma relação entre as faculdades de educação e os praticantes escolares que seja significativa, vívida e vital. Acredito que novas pautas apenas entrarão em ação se essa relação for rapidamente explorada e reforçada. Na maioria dos países ocidentais, os padrões educacionais estão sendo desafiados e reconstituídos. Um elemento notadamente saliente é a mudança para "questões mais práticas". Isso normalmente significa um foco no trabalho e treinamento em sala de aula. Na sua forma extrema e irracional, o foco é no financiamento de treinamento direto dos professores nas escolas e promoção da marginalização das faculdades de educação ou reestruturação da sua missão para assuntos exclusivamente práticos.

Paul Hirst (1989), eloquente defensor das disciplinas fundamentais, argumenta:

> Os programas iniciais de educação do professor agora estão sujeitos a uma série de critérios promulgados pelo secretário de Estado de Educação e exigem uma preparação *prática* considerável. Houve, portanto, uma *diminuição inevitável da atenção a questões teóricas* nesses programas (HIRST, 1989, p. 272).

Ao resumir esses desenvolvimentos, Hirst escrevia antes da fase culminante do trabalho de Pattens. Ele afirma: "a educação do professor atuante agora se concentra fortemente nas *deman-*

das práticas da nova legislação... a pesquisa teve pouca influência. O estudo avançado do tipo sistemático agora está bem reduzido" (p. 272).

A situação na Grã-Bretanha reflete de forma extrema as mudanças atuais que afetam boa parte da educação do professor em todo o mundo ocidental. O inusitado na resposta britânica é o tom histérico de boa parte da oposição aos "teóricos educacionais" – normalmente chamados de "teóricos educacionais da moda" ou "teóricos da década de 1960". O resultado dessa histeria foi afastar as reformas que tentam abarcar questões práticas ainda mais do que aconteceu na maioria dos outros países.

Histeria à parte, é claro que países da América do Norte, Europa e Australásia estão seguindo trajetórias similares na busca por um perfil mais utilitário para a educação do professor. Por esse motivo, gostaria de descrever brevemente os efeitos das mudanças na educação britânica do professor no período pós-guerra.

A relação que desejo explorar melhor é aquela entre a pesquisa e os aspectos de estudo da educação do professor e as necessidades de treinamento antes e durante a vida profissional. A maioria dos comentaristas concorda que, no período após o Relatório McNair, de 1944, as faculdades de educação se detiveram numa missão razoavelmente equilibrada a respeito de preparação teórica e prática. Num trabalho recente, analisei a emergência dessa missão profissional equilibrada e sua consolidação nos anos pós-guerra (GOODSON, 1993).

Foi concedida às faculdades de educação responsabilidade nas suas organizações de treinamento para a formação pré-profissional não somente nos seus departamentos, mas em vários *colégios de formação.*

> Foram os departamentos e faculdades de educação, porém, os precursores de cursos que estudavam a educação como contribuição significativa à formação profissional dos professores. Os cursos começa-

vam com psicologia da educação, história da educação, mensuração educacional, pesquisa educacional experimental, desenvolvimento infantil e filosofia da educação (apud TAYLOR, 1987, p. 14).

Desde o início as faculdades de educação estabeleceram disciplinas "fundamentais" como base do estudo educacional. Esse foco fundamental provocou uma bifurcação no ensino e pesquisa educacional iniciais apresentados às novas coortes de alunos:

> Boa parte do que esses primeiros alunos aprendiam era intelectualmente interessante e pessoalmente estimulante, mas evocava a sua própria realidade, não aquela da escola e da sala de aula (TAYLOR, 1987, p. 14).

O autor acrescenta: "até mesmo quando sociologia da educação, estudos curriculares e administração educacional foram incluídos na grade de cursos, o mesmo se aplicava, embora em menor medida" (TAYLOR, 1987, p. 14).

Os cursos ensinados nas faculdades de educação passaram de horário parcial a horário integral. A formação de pós-graduação dos professores formados acontecia em cursos de um ano na universidade. Os professores costumavam levar um ano de transferência para a universidade para concluir um curso de mestrado.

> O padrão de trabalho conquistado pelos alunos era bom, para não dizer acadêmico. Os professores de escolas eram ensinados a refletir sobre o seu ensino, aprendizagem dos alunos, estrutura e organização das escolas, questionar ideias educacionais e entender como o sexismo e o racismo atuavam na sala de aula (TAYLOR, 1987, p. 14).

Esses cursos consagraram a "missão teórica" do estudo acadêmico e a preparação prática. Mas a missão teórica não deve ser divorciada da ideia do efeito prático. Na melhor das hipóteses, a teoria retorna para a prática informada e aprimorada. Logo, alguns alunos usavam o seu novo conhecimento para fazer mudanças no seu ensino que valessem a pena, influenciar colegas, apresentar novos modos de análise, melhorar a qualidade do discurso nas reuniões da equipe e administração e a eficiência dos departamentos de ensino (TAYLOR, 1987, p. 14).

A presença de uma clientela de alunos diversa e informada propicia um enorme apoio contínuo ao trabalho de estudos educacionais nas faculdades de educação. Na melhor das hipóteses, na universidade o trabalho poderia se mover entre a preocupação teórica e a predileção prática de modos desafiadores para ambas.

Muitas vezes, porém, é verdade que a arbitragem entre teoria e prática foi substituída por um discurso acadêmico teórico colonizador. Esse tipo de teoria "que evoca a própria realidade" tornou-se o inimigo monolítico daqueles que buscam reformar a educação do professor entre os seguidores da nova direita, apoiadores da vitória do Partido Conservador de Thatcher, em 1979. Um problema de equilíbrio, de como reinstituir e reinscrever um equilíbrio entre teoria e prática nas faculdades de educação foi reinterpretado como um problema único e simples de localização. Como resultado (como a Rússia de Narodnik no século XIX com o seu movimento revolucionário de "volta à terra"), vimos um movimento de "volta às escolas" se desenvolver. Na década de 1980 esse programa fundamentalista progrediu bastante.

O período inicial foi de atrito incidental. Na metade da década de 1980, o dinheiro começou a ser redirecionado para fora das faculdades de educação. Bolsas de estudos para a pesquisa em ciências sociais rapidamente decresceram, assim como alunos de mestrado e doutorado em horário integral. De forma mais significativa, em abril de 1987, secou a "fonte" de dinheiro que as autoridades educacionais locais usavam para remunerar a transferência de professores em exercício. Lentamente desapareceu a "massa crítica" de alunos necessária para manter o mestrado e a pesquisa.

Privada dessa clientela de alunos e de um discurso de pesquisa associado, boa parte da pesquisa acadêmica também secou. Então a faculdade voltou-se cada vez mais à criação de cursos escolares curtos que fossem "práticos e relevantes".

O atrito passou a um redirecionamento total com a nova política de Kenneth Clarke anunciada na Conferência do Norte da Inglaterra, em janeiro de 1992. Clarke anunciou que, ao menos em todas as disciplinas da escola secundária, dali em diante 80% da formação passaria das faculdades de educação para a escola secundária. Embora isso tenha mudado subsequentemente, a importância teórica do anúncio foi substancial, especialmente o rebaixamento implícito dos teóricos acadêmicos e seus cursos.

Esse rebaixamento dos especialistas em educação das universidades ficou claro no estilo das escolas como "principais responsáveis" na educação do professor.

As escolas serão as principais responsáveis por formar os estudantes no ensino das suas disciplinas especiais, avaliar os alunos e gerenciar as turmas; e por supervisionar os estudantes e avaliar a sua competência a esse respeito (DES, 1992, § 14).

As universidades voltaram a uma função "não intervencionista" mais distante de credenciamento e validação acadêmica. Essas prioridades foram reiteradas em pronunciamentos governamentais subsequentes. Em 1998, a Agência de Formação de Professores declarou:

> Quem está passando pela formação de professores submete-se a períodos substanciais de formação na escola e os professores das escolas desempenham um papel substancial no planejamento e ensino dos cursos (TTA, 1998, p. 2).

Na Grã-Bretanha, desconfio que a ênfase excessiva e contínua no que é prático levará a um colapso da missão acadêmica e teórica das faculdades de educação. Logicamente, isso pareceria levar a questionamentos quanto ao motivo de tais faculdades, sem missões acadêmicas e teóricas substanciais, continuarem localizadas dentro das universidades. Essas questões podem surgir forçosamente, já que as universidades tentam reestruturar-se devido a cortes financeiros.

Num sentido global mais geral, o "problema de equilíbrio", que surgiu quando as faculdades de educação integraram as universidades, pode levar a uma mudança radical. Como o pêndulo se afasta demais da teoria "que evoca a própria realidade" e pende para uma versão de "relevância prática", toda a base da empreitada poderia correr risco. Em resumo, nesse momento de mudança, precisamos chegar a um novo equilíbrio entre teoria, crítica e assuntos práticos. Se não conseguirmos, acredito que a principal missão e os motivos abrangentes para as faculdades de educação começarão a entrar em colapso.

Do ponto de vista do professor, o colapso pode não parecer um motivo de preocupação. As torres de marfim têm muros e ficaram distantes. Porém, os recursos e o conhecimento e, de fato, o *status* das faculdades de educação desempenham uma função na representação dos professores e poderiam – e agora precisam – desempenhar uma função vastamente extensa. Na qualidade de profissão representada por faculdades envolvidas na formação de professores, o ensino ganha a partir da "hierarquia" do *status* da vida institucional ocidental. Ainda que simbólico demais, ainda que apenas simbólico, é um motivo importante para o envolvimento contínuo da universidade.

A universidade fornece uma importante base de legitimação para o *status* profissional. Sem as faculdades, toda uma base de recursos estaria perdida para as novas gerações de professores: as faculdades ao menos representam tempo e espaço para um trabalho reflexivo. Há salas tranquilas, centros de recursos e bibliotecas, além de recursos críticos e intelectuais da faculdade. Mas esses recursos devem ser empregados de modo mais útil num pacto colaborativo rejuvenescido e reconceituado entre as faculdades e os praticantes das escolas. O novo modo colaborativo deve ser recíproco, igualitário e respeitoso, mas sem perder a face reflexiva e intelectual que os melhores estudos e práticas educacionais venham a demandar.

Desenvolvendo a colaboração e reinscrevendo a missão teórica

A questão conclusiva é como desenvolver modos colaborativos para manter, recuperar e reinscrever as missões teóricas e críticas na educação do professor. Em tempos políticos atuais, isso claramente não é um ato fácil de se cumprir mesmo quando se pensa teoricamente, mas significa que precisamos olhar com atenção a potencial colaboração entre os professores e pesquisadores externamente localizados nas faculdades de educação. Acredito que o melhor mecanismo para aprimorar a prática seja, no caso dos professores, pesquisa e reflexão contínuas sobre a própria prática. Não acredito que um foco estreito na prática em colaboração na pesquisa, uma panaceia politicamente popular no momento, nos leve muito longe. Há muitos motivos para essa alegação. Vou me concentrar em dois: primeiro, a educação é muito mais do que uma questão prática. A prática constitui bem mais do que coisas técnicas que os professores fazem nas salas de aula. A educação é uma questão pessoal e política. O modo pelo qual os professores interagem na sala de aula se relaciona consideravelmente a quem são e a toda a sua visão de vida. Portanto, é importante ter uma forma colaborativa de pesquisa que conecte e analise a vida e o trabalho docente.

Segundo, as práticas interativas das aulas estão sujeitas a constantes mudanças, especialmente em momentos de mudanças políticas e constitucionais, que costumam assumir a forma de políticas governamentais. Atualmente em Ontário, por exemplo, a política de não separação de alunos (*de-streaming*) está sendo promovida como uma iniciativa fora da sala de aula. Essas ações políticas "pré--ativas" definem parâmetros cruciais para a prática interativa em sala de aula. A ação pré-ativa restringe e facilita possibilidades interativas. Em seu estudo colaborativo, professores e pesquisadores externos precisam, portanto, focar tanto no pré-ativo quanto no interativo. Permanecer somente com a prática como forma política e socialmente construída é inevitavelmente envolver os professores na implementação e aceitação de iniciativas que são geradas em outros lugares. Isso transformaria a colaboração e a pesquisa numa forma de mutismo político.

Por esses motivos, discordo da noção de que o nosso foco no que tange ao trabalho colaborativo entre professores e pesquisadores externos deveria ser principalmente na prática. Lamentavelmente, de certa forma esse é o resultado lógico da expressão "professor enquanto pesquisador" (movimento cuja posição de valor eu apoio enfaticamente), já que o oposto é "pesquisador enquanto professor". Como observamos, o trabalho do professor é construído de modo profundo, político e social. Os parâmetros para a prática, sejam políticos ou biográficos, variam num terreno extremamente amplo. Estreitar o nosso foco para a "prática enquanto definição" é garantir que o nosso trabalho colaborativo seja vítima de circunstâncias históricas e tendências políticas. No momento, está bem claro que a nova direita em vários países ocidentais está tentando transformar a prática do professor naquela de um técnico, um transmissor burocrático trivializado e burocratizado de pacotes predefinidos, diretrizes e preconceitos. Aceitar essas definições e focar a nossa colaboração e pesquisa na prática definida é fazer o jogo deles.

Embora obviamente parte dos trabalhos mais valiosos, críticos e colaborativos tenha buscado criticar e transcender as definições politicamente dominantes de prática, isso não evita a substância da crítica. Ao iniciar a nossa pesquisa e colaboração com foco na prática dessa maneira, a iniciativa para definir o nosso ponto de partida foi concedida a políticos e burocratas. Creio profundamente que, para apoiar trabalhos colaborativos mais autônomos e críticos, precisamos adotar uma lente de investigação mais potente. Essa lente pode ter várias formas. Pode se concentrar em incidentes críticos no ensino, como David Tripp (1994) argumenta com eloquência. Pode se concentrar em teorias de contexto (GOODSON, 1994), pode se concentrar na vida e trabalho do professor, nas estórias ou narrativas do professor. Em suma, deve ser possível desenvolver uma lente mais ampla para o nosso estudo educacional colaborativo no futuro. Boa parte do trabalho emergente nas áreas que listei agora indica que um fluxo rico de diálogo e dados pode ser montado se ampliarmos a nossa lente de investigação e colaboração. Ademais, esse foco ampliado pode (e enfatizo "pode") permitir maior autoridade e controle dos professores na pesquisa colaborativa do que costuma parecer ser o caso em estudos orientados à prática. O foco nesse trabalho é na prática do professor, quase do professor *enquanto* prática. O que é necessário agora é uma modalidade colaborativa que sobretudo escute a pessoa que seja o alvo do "desenvolvimento" e da "implementação". Isso significa que agora devem ser exploradas e desenvolvidas estratégias que facilitem e maximizem o potencial para que a voz do professor seja ouvida num trabalho colaborativo. Acredito que tal estratégia para o desenvolvimento de colaboração e para a reinscrição da missão teórica esteja a caminho e cabe a nós insistirmos para garantir que esse tipo de trabalho estabeleça uma contracultura articulada às atuais iniciativas que ocupam "o alto escalão" em tantos países ocidentais.

Referências

BALL, S.; GOODSON, I.F. (1989). *Teachers' lives and careers*. 2. ed. Londres/Nova York/Filadélfia: Falmer/Open University/Open University Set Book.

CLIFFORD, G.J.; GUTHRIE, J.W. (1988). *Ed school: A brief for professional education*. Chicago: University of Chicago Press.

GOODSON, I.F. (1993). Forms of knowledge in teacher education. In: GILROY, P.; SMITH, M. (ed.). *International Analyses of Teacher Education – JET Papers* 1. Abbington: Carfax.

GOODSON, I.F. (1994). *Studying curriculum: Cases and methods.* Nova York/Buckingham: Teachers College Press/Open University Press.

GOODSON, I.F. (2013). *Studying teachers' lives.* Nova York/Londres: Teachers College Press/Routledge.

GREENE, M. (1991). Retrieving the language of compassion: the education professor in search of community. *Teacher College Record,* v. 92, n. 4.

HIRST, P. (1989). Implication of government funding policies for research on teaching and teacher education: Inglaterra e País de Gales. *Teaching & Teacher Education,* v. 5, n. 4.

KNOWLES, J.G.; COLE, A. (1991). *We're just like those we study – They as beginning teachers, we as beginning professors of teacher education: Letters of the first year.* Trabalho apresentado na Décima-Terceira Conferência sobre Teoria do Currículo e Prática em Sala de Aula. The Bergamo Center, Ohio, 16-19/10.

MILLS, C.W. (1979). *Power, politics and people.* Nova York: Oxford University Press.

SCHWAB, J.J. (1978). The practical: a language for curriculum. In: WESTBURY, I.; WILKOF, M. (eds.). *Science, Curriculum and Liberal Education.* Chicago: University of Chicago Press.

SIMON, B. (1985). *Does education matter?* Londres: Lawrence and Wisehart.

TAYLOR, P. (1987). Whiff of defeat in schools scandal. *The Times Higher Education Supplement,* 13/11.

TRIPP, D. (1994). Teachers' lives, critical incidents, and professional practice. *International Journal of Qualitative Studies in Education,* v. 7, n. 1, p. 65-76.

VEBLEN, T. (1962). *The higher learning in America.* Reimpr. da ed. de 1918. Nova York: Hill and Wang.

4

Trazendo os professores de volta: mudando padrões de representação

I.F. Goodson

O estudo educacional sobre a crise de representação está passando por uma daquelas oscilações recorrentes do pêndulo pelas quais a área é notada. Mas, à medida que o mundo contemporâneo e as economias globais são transformadas por mudanças rápidas e em aceleração, essas oscilações do pêndulo nos paradigmas educacionais parecem ser exacerbadas de forma alarmante. Cada vez mais um argumento ganhou ritmo para o acolhimento da prática e da prática baseada em evidências como o próximo passo na pesquisa educacional.

Os fundamentalistas práticos defendem um retorno total à prática e à evacuação da teoria educacional. O fundamentalismo prático e o controle central acentuado acabam sendo notadamente compatíveis – um casamento arranjado; o teórico foi substituído pelo político em padrões de conhecimento e política educacional (COCHRAN-SMITH, 2001, p. 3-15).

Neste capítulo, analiso a defesa crescente das narrativas e estórias do professor como forma de pesquisa que deseja se aproximar da prática dos professores, do seu conhecimento prático pessoal. Isso nos leva da pesquisa educacional enquanto estudo disciplinar e grande narrativa disciplinar a um modo diferente de representação. Conforme argumento, esses novos gêneros nos permitem reconstruir algumas linhas de investigação que voltam aos discursos teóricos.

Logo, vemos uma série de respostas a um dilema estrutural específico em que o estudo educacional foi enredado. Mas, além disso, a área está sendo tragada (embora mais lentamente do que muitas áreas) por uma crise de representação educacional. Um dilema estrutural específico agora se torna aliado a uma crise de representação mais ampla. Jameson (1984, p. viii) resume a última crise sucintamente como originária do desafio crescente a "uma epistemologia essencialmente realista que concebe a representação como a produção, para a subjetividade, de uma objetividade externa". Jameson escreve isso no prefácio de *The Postmodern Condition*, de Lyotard. Para Lyotard, os modos antigos de representação não funcionam mais. Ele convoca uma incredulidade em relação a essas metanarrativas canônicas antigas e afirma: "a grande narrativa perdeu a sua credibilidade, independentemente de qual modo de unificação seja usado, de ser uma narrativa especulativa ou uma narrativa de emancipação" (LYOTARD, 1984, p. 37).

Voltando à área do estudo educacional, vemos que, em resposta à natureza distante, divorciada e descomprometida de aspectos do estudo educacional nas universidades, alguns estudiosos responderam acolhendo o "prático", celebrando o professor enquanto praticante.

A minha intenção aqui é explorar detalhadamente um desses movimentos que objetivam concentrar-se no conhecimento dos professores – especialmente o gênero que se concentra nas estórias e narrativas dos professores. Esse movimento surgiu das crises de deslocamento estrutural e de representação descritas brevemente. Os motivos para esse novo gênero são compreensíveis, as motivações são confiáveis. Como vemos, a crise de representação surge do dilema central de tentar capturar a experiência vivida de estudiosos e professores num texto. A experiência de outras vidas, portanto, é considerada textual por um autor. Em sua raiz é um ato perigosamente difícil e Denzin invectiva convincentemente contra a aspiração:

> Se o texto se tornar o ato que registra e representa as vozes do outro, então o outro se torna uma pessoa que não fala. Ele não conversa, o texto conversa por ele. É o ato que interpreta as suas palavras, pensamentos, intenções e significados. Logo, uma duplicação do ato ocorre, já que por trás do texto está o autor do texto como agente fazendo a interpretação (DENZIN, 1993, p. 17).

Denzin então argumenta que temos um caso clássico de colonização acadêmica ou até canibalização: "O outro se torna a extensão da voz do autor. A autoridade da sua voz "original" agora está subordinada ao texto maior e sua atuação dupla" (1993, p. 17).

Dada a escala dessa crise de representação, é possível ver rapidamente como o acadêmico empático pode desejar reduzir a interpretação, até a colaboração, e voltar ao papel de "escriba". Ao menos em tal passividade existe o desejo de reduzir a colonização. Nesse momento de crise de representação, as portas se abrem ao estudioso da educação como facilitador, como condutor para o professor, para contar a sua estória ou narrativa. A voz genuína do sujeito oprimido não contaminada pela colaboração humana ativa; professores falando sobre sua prática, oferecendo *insights* pessoais e práticos relativos ao seu conhecimento.

Aqui talvez seja um santuário, um templo além da crise de representação, além da colonização acadêmica. O nirvana da narrativa, o Valhalla da voz; é um projeto compreensível e atraente.

A virada da narrativa/a atenção à narrativa

A atenção às narrativas e estórias dos professores é, em certo nível, uma resposta inteiramente compreensível ao modo pelo qual os professores tendem a ser representados em muitos estudos educacionais. O professor é representado de modo a servir aos nossos objetivos de estudo.

Considerando esse deslocamento de objetivo e história do estudo educacional observado, é louvável que novos movimentos narrativos estejam se concentrando na apresentação que os professores fazem de si mesmos. É um antídoto bem-vindo a tantas representações equivocadas e representações nos estudos antigos, e abre caminhos de investigações e debates proveitosos. O movimento narrativo fornece um catalisador para a busca de entendimentos da vida e do trabalho do professor. De várias maneiras, o movimento me lembra do ponto mencionado por Molly Andrews em seu elegante estudo sobre ativistas políticos idosos. Ela resume a postura dos psicólogos que estudaram esses ativistas:

> Quando a psicologia política começou a analisar o comportamento de ativistas políticos, tendeu a fazê-lo de uma perspectiva totalmente externa. Em outras palavras, raramente os seus processos de pensamento foram descritos, muito menos analisados, do ponto de vista deles. Porém, ao menos é possível que um modo muito bom de aprender sobre a psicologia de ativistas políticos seja ouvir o que eles têm a dizer sobre a própria vida (ANDREWS, 1991, p. 20).

O que Andrews comenta pode ser visto de modo análogo a boa parte da nossa representação de estudos sobre os professores, onde estes são vistos como intercambiáveis e essencialmente despersonalizados. Em 1981, afirmei que muitos relatos apresentavam os professores como seres incumbidos de uma função atemporal e intercambiável, mas que:

A busca por dados pessoais e biográficos pode desafiar rapidamente a crença de intercambialidade. Do mesmo modo, ao traçar a vida do professor conforme a evolução no tempo – ao longo da carreira do professor e por várias gerações –, a crença em atemporalidade também pode ser remediada. *Ao entendermos algo tão intensamente pessoal como ensinar, é crucial conhecermos a pessoa que o professor é.* A nossa escassez de conhecimento nessa área é uma indicação expressa da amplitude da nossa imaginação sociológica (GOODSON, 1981, p. 69).

O argumento para ouvirmos o professor é, portanto, substancial e há muito esperado. Narrativas, estórias, diários, pesquisa-ação e fenomenologia contribuíram para um movimento crescente que visa prover oportunidades para representações do professor. No caso de estórias e narrativas, Kathy Carter nos faz um resumo valioso desse movimento crescente *nos primeiros anos da sua encarnação educacional:*

> É cada vez mais frequente nos últimos anos que nós, enquanto membros de uma comunidade de investigadores-praticantes, tenhamos contado estórias sobre o ensino e a educação do professor em vez de simplesmente relatarmos coeficientes de correlação ou gerarmos listas de constatações. Essa tendência perturba alguns, que lamentam a perda da precisão quantitativa e, assim argumentam, do rigor científico. Para muitos de nós, entretanto, essas estórias captam – mais do que somatórios ou fórmulas matemáticas – a riqueza e indeterminação das nossas experiências enquanto professores e a complexidade dos nossos entendimentos do que vem a ser o magistério e como os outros podem se preparar para ingressar nessa profissão.
>
> Por isso não surpreende, de forma alguma, que essa atração pelas estórias tenha se tornado uma tentativa explícita de usar as literaturas em "estórias" ou "narrativas" para definir o método e o objeto de

investigação no ensino e na educação do professor. A estória se tornou, em outras palavras, mais do que um simples recurso retórico que expressa sentimentos sobre professores ou aspirantes ao magistério. Ao contrário, agora é um foco central para conduzir a pesquisa na área (CARTER, 1993, p. 5).

Estória e história

A ênfase nas estórias e narrativas dos professores é um sinal estimulante de uma nova virada na apresentação dos professores. É uma virada que merece ser levada muito a sério, porque precisamos ter a certeza de estar virando na direção certa. Como todos os gêneros novos, estórias e narrativas têm duas faces: podem nos levar adiante rumo a novos *insights* ou para trás rumo a uma consciência restrita – e às vezes simultaneamente.

Essa incerteza é evidenciada no resumo de Carter de "O lugar da estória no estudo do ensino e da educação do professor":

> Até alguém com uma familiaridade superficial com as literaturas sobre estórias logo percebe, porém, que elas são águas intelectuais muito turbulentas e rapidamente abandona a expectativa de uma passagem segura para a resolução, de uma vez por todas, dos vários enigmas e dilemas que enfrentamos ao avançarmos com o nosso conhecimento do ensino. Muito precisa ser aprendido sobre a natureza da estória e o seu valor para o nosso empreendimento comum, e sobre a ampla gama de propósitos, abordagens e afirmações feitas por quem adotou a estória como estrutura analítica central. O que a estória capta e o que despreza? Como essa noção se enquadra no sentido emergente da natureza do ensino e o que significa educar professores? Essas e muitas outras perguntas críticas precisam ser enfrentadas para a estória se tornar mais do que uma metáfora frouxa para tudo, desde um paradigma

ou visão de mundo até uma técnica para levar para casa um ponto de uma aula numa tarde de quinta-feira (CARTER, 1993, p. 5).

Mas qual é a natureza da turbulência nas águas intelectuais que cercam as estórias? E elas servirão para afogar o novo gênero? A turbulência é multifacetada, mas aqui o meu foco é na relação entre as estórias e o contexto social onde estão enraizadas. Por existirem na história, as estórias de fato estão profundamente localizadas no tempo e no espaço e funcionam de modo diferente em diferentes contextos sociais e tempos históricos – podem ser acionadas de formas diferentes.

As estórias, então, não devem ser somente *narradas*, mas também *situadas*. Isso significa que devemos ir além da narração individual autorreferencial em direção a um modo colaborativo e contextualizado mais amplo. Mais uma vez, Carter comenta o apelo enorme e a preocupação subjacente com a narrativa e a estória. No momento, o apelo é substancial após longos anos de emudecimento, mas os perigos são mais obscuros. A menos que esses perigos sejam confrontados agora, a narrativa e a estória podem acabar silenciando ou ao menos marginalizando de novas maneiras exatamente as pessoas a quem parecem dar voz.

> Para muitos de nós, esses argumentos sobre a natureza pessoal e narrada do ensino e sobre voz, gênero e poder em nossa vida profissional soam muito verdadeiros. Podemos apontar imediatamente instâncias em que nos sentimos excluídos pela linguagem dos pesquisadores ou impotentes diante de decretos administrativos e instrumentos de avaliação presumivelmente sustentados por evidências científicas. E vivenciamos as indignidades de parcialidade e preconceito de gênero. Sentimos essas questões profundamente e abri-las ao escrutínio público, especialmente através da literatura em nossa área, é motivo de comemoração. Ao mesmo tempo, devemos reconhecer que essa linha de argumento gera

> uma séria crise para a nossa comunidade. Pode-se imaginar facilmente que a análise resumida aqui, se levada ainda que levemente adiante, provoca diretamente uma rejeição a todas as generalizações sobre o ensino como distorções das estórias reais dos professores e como cumplicidade com a elite do poder, que tornaria os professores subservientes. Partindo dessa perspectiva, apenas o professor possui a própria estória e seu significado. Na qualidade de pesquisadores e de educadores professores, apenas podemos servir transmitindo essa mensagem à sociedade mais ampla e talvez ajudando os professores a conhecerem as próprias estórias. Vista sob essa luz, boa parte da atividade em que nos envolvemos como estudiosos do ensino se torna ilegítima, se não for prejudicial (CARTER, 1993, p. 8).

Carolyn Steedman, em sua maravilhosa obra *Landscape for a Good Woman*, fala sobre esse perigo. Ela afirma: "Quando uma estória é contada, deixa de narrar: torna-se uma parte da história, um elemento interpretativo" (STEEDMAN, 1986, p. 43). Nesse sentido, uma estória "funciona" quando os seus motivos são compreendidos e a sua importância histórica é captada. Como comenta Bristow (1991, p. 117): "Quanto mais nos tornamos hábeis em entender a história envolvida nessas estórias amplamente definidas, mais hábeis seremos para identificar a função ideológica das narrativas – como designam um lugar para nós dentro da sua estrutura narrativa". Ao analisar a obra de Steedman e o seu poder de entender o patriarcado e a dignidade da vida das mulheres, Bristow fala sobre a sua atenção inabalável aos

> modos pelos quais a redação sobre a vida pode levar os seus autores ao ponto de entenderem como a sua vida já foi narrada – de acordo com um roteiro pré--figurativo, Steedman nunca perde de vista formas pelas quais os autores podem desenvolver habilidades para reescrever o roteiro de vida em que se encontram (BRISTOW, 1991, p. 114).

Isso se concentra agudamente nos perigos de uma crença de que, meramente permitindo que as pessoas "narrem", nós, de qualquer modo sério, damos voz e atuação a elas. A narração de um roteiro pré-figurativo é a celebração de uma relação de poder existente. O mais comum, e isso é profundamente verdadeiro para os professores, é a questão ser como "reescrever o roteiro da vida". A narração, portanto, pode funcionar de muitas maneiras, mas claramente pode servir para dar voz a uma celebração de roteiros de dominação. A narração pode reforçar ou reescrever a dominação. As estórias e narrativas não são um bem inquestionável, tudo depende. E sobretudo depende de como se relacionam à história e ao contexto social.

Mais uma vez, o trabalho de Andrews sobre a vida de ativistas políticos capta a limitação de boa parte do estudo de vida de psicólogos do desenvolvimento, e isso é análogo a muitos trabalhos sobre narrativas de professores:

> Nas democracias capitalistas ocidentais, de onde se origina a maioria dos trabalhos sobre desenvolvimento, muitos pesquisadores tendem a ignorar a importância da dialética sociedade-indivíduo, optando por se concentrarem em elementos mais particularizados, sejam eles idiossincrasias da personalidade, relações parentais ou estruturas cognitivas, como se tais aspectos da composição do indivíduo pudessem ser compartimentalizados organizadamente, existindo num vácuo contextual (ANDREWS, 1991, p. 13).

A versão de "pessoal" que foi construída e trabalhada em alguns países ocidentais é uma versão particular, uma versão individualista de ser uma pessoa. É irreconhecível para boa parte do resto do mundo. Mas várias das estórias e narrativas que temos de professores funcionam, sem problemas e comentários, com essa versão de existência pessoal e conhecimento pessoal. Mascarando os limites do individualismo, esses relatos costumam apresentar "isolamento, separação e solidão... como autonomia, independência e autoconfiança" (ANDREWS, 1991, p. 13).

Andrews conclui que, se ignorarmos o contexto social, privamos a nós e nossos colaboradores de significado e compreensão. Ela diz:

> parece evidente que o contexto em que as vidas humanas são vividas é crucial ao núcleo de significado dessas vidas. Os pesquisadores não devem, portanto, se sentir livres para discutir ou analisar como os indivíduos percebem o significado na sua vida e no mundo que os cerca enquanto ignorarem o conteúdo e o contexto desse significado (ANDREWS, 1991, p. 13).

Isso tem sido uma resposta comum demais entre os pesquisadores educacionais que trabalham com estórias e narrativas de professores. O conteúdo foi acolhido e celebrado, o contexto não foi suficientemente desenvolvido. Cynthia Chambers resume essa postura e seus perigos ao analisar trabalhos sobre narrativas de professores:

> Esses autores nos oferecem a esperança ingênua de que, se os professores aprenderem a "contar e entender a *própria* estória", serão devolvidos ao seu lugar certo no centro do planejamento e da reforma curricular. Porém, o seu método deixa cada professor como "um melro cantando na calada da noite": isolado e ignorando tristemente que o seu canto faz parte de uma melodia muito maior do mundo. Se todos estão cantando a própria música, quem está ouvindo? Como podemos ouvir a conversa maior da humanidade na qual o professor da nossa própria história está enraizado e talvez oculto? (CHAMBERS, 1991, p. 354).

Ao analisar o mesmo livro, Salina Shrofel também enfatiza os perigos:

O foco no pessoal e na prática não parece conduzir os praticantes ou pesquisadores/autores a analisarem a prática como teoria, estrutura social ou manifestação de sistemas políticos e econômicos. Essa limitação de visão implícita na abordagem narrativa serve como restrição à reforma curricular. Os professores, assim como fizeram os professores citados por Connelly e Clandinin, farão mudanças nos currículos das suas salas de aula, mas não questionarão nem desafiarão a teoria, estrutura e ideologia que levarão a uma reforma curricular radical e extensa. Pode-se argumentar que o desafio de controlar uma sala de aula ocupa totalmente os professores e que questões sobre teoria, estrutura e ideologia não afetam o cotidiano (conhecimento prático) dos professores e estão relegadas a "especialistas". Contudo, há muitos perigos quando se separa a prática dessas outras questões. Primeiro, como apontam Connelly e Clandinin, isso ignora a relação dinâmica entre teoria e prática. Segundo, ignora o fato de que as escolas são intrínseca e inextricavelmente parte do tecido social e do sistema político e econômico dominante. Terceiro, como a reforma curricular é implementada na sala de aula pelos professores, separá-los desses outros aspectos pode afetar negativamente uma reforma curricular radical e ampla. Para evitar esses riscos, o método narrativo precisará ser estendido ou suplementado por um processo que encoraje os professores a olhar além do pessoal (SHROFEL, 1991, p. 64-65).

Em resumo, estórias e narrativas devem ser um modo de dar voz a determinado jeito de ser ou o gênero deve servir como uma introdução a formas alternativas de ser? A consciência é construída, não produzida autonomamente; logo, dar voz à consciência pode dar voz ao construtor tanto quanto ao falante, no mínimo. Se o contexto social for desprezado, é provável que isso ocorra.

A verdade é que muitas vezes um contador de uma estória de vida negligenciará o contexto estrutural da sua vida ou interpretará tais forças contextuais de um ponto de vista tendencioso. Como afirma Denzin (1989, p. 74), "Muitas vezes alguém age como se tivesse feito a própria história, quando, na verdade, foi forçado a fazer a história que viveu". Ele cita um exemplo do seu estudo sobre alcoólicos, de 1986: "Passei os últimos quatro meses sozinho. Não usei nem bebi. Estou orgulhoso de mim. Consegui" (DENZIN, 1989, p. 74-75). Ao ouvir esse relato, um amigo comentou:

> Você estava sob um mandado judicial o ano passado inteiro. Você não fez isso sozinho. Foi obrigado, queira você aceitar o fato ou não. Você também foi ao AA e NA. Ouça, Buster, você fez o que fez porque teve ajuda e porque estava com medo, achando que não tinha outra chance. Não me venha com esse papo "eu fiz sozinho" (1989, p. 74-75).

O falante responde: "Eu sei, só não gosto de admitir". Denzin conclui:

> Esse ouvinte evoca duas forças estruturais, o Estado e o AA, que em parte explicam a experiência do falante. Se somente o relato do falante tivesse sido considerado, sem conhecer a sua biografia e história pessoal, teria ocorrido uma interpretação tendenciosa da sua situação (1989, p. 74-75).

A grande virtude das estórias é que elas particularizam e concretizam as nossas experiências. Esse, porém, deve ser o *ponto de partida* em nosso estudo social e educacional. As estórias podem nos conduzir ricamente ao terreno do social, a *insights* sobre a natureza socialmente construída das nossas experiências. A sociologia feminista muitas vezes trata as estórias assim. Como diz Hilary Graham, "Estórias são preeminentemente formas de relacionar indivíduos e eventos a contextos sociais, formas de costurar experiências pessoais no seu tecido social" (cf. ARMSTRONG, 1987, p. 14). Mais uma vez, Carolyn Steedman comenta esse processo de dois passos. Primeiro a estória particulariza, detalha e historia – depois, no segundo estágio, há a "necessidade urgente" de se desenvolverem teorias do contexto:

> As paisagens urbanas fixas de Northampton e Leeds que Hoggart e Seabrook descrevem mostram infinitas ruas residenciais, onde mães que não trabalham fora ordenam o dia doméstico, onde os homens são mestres e as crianças, quando crescerem, serão gratas pela disciplina rígida imposta. A primeira tarefa é particularizar essa paisagem profundamente não histórica (este livro descreve uma mãe que trabalhava e era mãe solteira, e um pai que não era um patriarca). E, depois que a paisagem é detalhada e historiada assim, a necessidade urgente passa a ser encontrar um modo de teorizar o resultado de tal diferença e particularidade, não para encontrar uma descrição que possa ser universalmente aplicada (o ponto *não* é afirmar que todas as infâncias da classe operária são as mesmas, tampouco que a experiência delas produz estruturas psíquicas únicas), mas para que as pessoas no exílio, os habitantes das ruas longas, possam começar a usar o "eu" autobiográfico e contar as suas estórias de vida (STEEDMAN, 1986, p. 16).

A estória, portanto, cria um ponto de partida para o desenvolvimento de outros entendimentos da construção social da subjetividade. Se as estórias dos professores permanecerem no nível pessoal e prático, estaremos privados dessa oportunidade. Ao falar sobre o método narrativo concentrado no conhecimento pessoal e prático dos professores, Willinsky escreve:

> A minha preocupação é que um processo de pesquisa que pretende recuperar (aspectos ou não?) pessoais e experimentais passe por cima desse ponto de construção na sua busca por uma unidade abrangente na narrativa do indivíduo (WILLINSKY, 1989, p. 259).

Estórias pessoais e práticas dos professores podem, assim, servir não para aumentar os nossos entendimentos, mas meramente para celebrar as construções particulares do "professor" que tenham sido forjadas por contestações políticas e sociais. As estórias dos professores podem ser estórias de determinadas vitórias e assentamentos políticos. Devido à sua limitação de foco, as estórias dos professores – por serem estórias pessoais e práticas – provavelmente estarão limitadas dessa maneira.

Uma estória de ação dentro de uma estória de contexto

Esta seção deriva de uma frase muito usada por Lawrence Stenhouse (1975), cujo interesse em boa parte do seu trabalho era introduzir uma dimensão histórica em nossos estudos de educação e currículo. Embora um grande defensor do professor enquanto pesquisador e pioneiro desse método, ele se preocupava com a proliferação de estórias práticas de ação, individualizadas e isoladas, únicas e idiossincráticas, como são as nossas estórias de ação e a nossa vida. Mas, como vimos, vidas e estórias se unem a roteiros sociais mais amplos – não são simplesmente produções individuais, mas também construções sociais. Precisamos garantir que estórias individuais e práticas não reduzam, seduzam nem reproduzam certas mentalidades dos professores e nos desviem de padrões mais amplos de entendimento.

Vamos tentar situar o momento narrativo no momento histórico – o próprio movimento narrativo poderia se localizar numa teoria do contexto. De certa forma, o movimento tem analogias com o movimento existencial da década de 1940. Os existencialistas acreditavam que somente poderíamos nos definir através das nossas ações. Julgavam que a nossa função era nos inventar como indivíduos e aí, como na trilogia *Les chemins de la liberté*, de Sartre (1961), estaríamos "livres", especialmente das exigências da sociedade e dos "outros".

O existencialismo existiu em determinado momento histórico após o trauma maciço da Segunda Guerra Mundial, e na França, onde desenvolveu-se com mais força, após a longa ocupação alemã. George Melly considera que o existencialismo surgiu desse contexto histórico.

> A minha explicação retrospectiva é que isso possibilitava exorcizar a culpa coletiva da ocupação, reduzir a um grau aceitável as traições, a colaboração, a omissão e o acordo injustificado. Sabemos agora que o retrato pós-guerra oficial da França sob os nazistas foi uma ocultação deliberada que quase todos conheciam, mas suprimiram tal conhecimento. O existencialismo, ao insistir no completo isolamento do indivíduo como alguém livre para agir, mas livre para não fazer mais nada, como culpado ou heroico, mas *somente* naqueles limites, ajudou a absolver a noção de ignomínia corporativa e nacional (MELLY, 1993, p. 9).

Portanto, um existencialismo individualizador sobretudo libertou as pessoas da batalha de ideologias, do horror do conflito político e militar. O existencialismo individualizado possibilitou um respiro longe do poder e da política.

Mas o fim da Segunda Guerra Mundial não significou o fim da política, somente a transição da guerra quente para a guerra fria. Como sabemos, as ideologias continuaram com seus protestos da maneira mais potencialmente mortal. Nesse período, narrativas de vida pessoal começaram a brotar. Brightman (cf. SAGE, 1994) desenvolveu um retrato fascinante de como as narrativas pessoais de Mary McCarthy nasceram no período de caça às bruxas de Joe McCarthy. Suas narrativas nos deslocaram do "contágio de ideias" para o "mundo material" pessoal. Mary McCarthy "extraía ideias do seu caráter abstrato e as devolvia ao mundo social de onde tinham vindo" (apud SAGE, 1994, p. 5). Na frase memorável de Irving Howes, à medida que "a ideologia desmoronava, a personalidade florescia" (SAGE, 1994, p. 5).

Assim, com o fim da ideologia e da guerra fria, vemos a proliferação do florescimento da personalidade, não menos no movimento direcionado às estórias e narrativas pessoais. Novamente, a narrativa pessoal – a estória prática – celebra o fim do trauma da guerra fria e a necessidade de um espaço humano longe da política, do poder. É um nirvana totalmente compreensível, mas pressupõe que o poder e a política de algum modo acabaram. Pressupõe, naquela frase desejosa, "o fim da história".

Nas burocracias educacionais, o poder continua a ser administrado hierarquicamente. Já perguntei várias vezes a administradores e burocratas da educação por que apoiam formas de conhecimento pessoais e práticas para os professores na forma de narrativas e estórias. Os seus comentários costumam ecoar aqueles dos "verdadeiros adeptos" do método narrativo. Mas sempre insisto, após uma pausa e alguma distração: "O que você faz nos seus cursos de liderança?" Sempre habilidades de gestão "políticas, como de costume", controle de qualidade, estratégias micropolíticas, treinamento de pessoal. Estórias pessoais e práticas para alguns, mapas cognitivos de poder para outros. Embora o uso de estórias e narrativas possa abrir um respiro útil longe do poder, não suspende a administração contínua do poder; de fato, poderia facilitar muito esse processo especialmente porque, com o tempo, o conhecimento dos professores ficaria cada vez mais pessoal e prático – "mentalidades" diferentes. Entendimentos completamente diferentes de poder emergiriam entre professores e gestores escolares, professores e administradores, professores e alguns estudiosos da educação, por exemplo.

As estórias individuais e práticas dos professores certamente abrem um respiro. Porém, ao mesmo tempo, reduzem o oxigênio dos entendimentos mais amplos. O respiro acaba tendo a aparência horrenda de um vácuo, onde história e construção social de algum modo são suspensas (cf. HUBERMAN; THOMPSON; WEILAND, apud BIDDLE; GOOD; GOODSON, 1997).

Assim, os professores se separam do que pode ser chamado de "vernáculo do poder", formas de falar e saber que se tornam a prerrogativa de gestores, administradores e acadêmicos. Nesse discurso, política e micropolítica são a essência e moeda da troca. Além disso e, num sentido, facilitando isso, surge um novo "vernáculo do particular, do pessoal e do prático", que é específico aos professores.

Essa forma de *apartheid* poderia emergir facilmente se as estórias e narrativas dos professores permanecessem singulares e específicas, pessoais e práticas, particulares e apolíticas. Portanto, é uma questão urgente que desenvolvamos estórias de ação dentro de teorias do contexto – contextualização de estórias, se preferir – que se oponham aos tipos de separações dos discursos facilmente imagináveis (GOODSON et al., 2017).

Carter começou a se preocupar com tal problema em seu trabalho sobre "O lugar da estória no estudo do ensino e da educação do professor":

> E para aqueles de nós que contamos estórias em nosso trabalho, não serviremos bem à comunidade se santificarmos o trabalho de narração de estórias e construirmos uma epistemologia sobre ele a ponto de simplesmente substituirmos uma dominação paradigmática por outra *sem desafiar a própria dominação*. Devemos, então, ser muito mais autoconscientes do que fomos antes sobre as questões envolvidas na narrativa e na estória, como interpretação, autenticidade, valor normativo e quais são os nossos objetivos ao contarmos estórias, em primeiro lugar (CARTER, 1993, p. 11).

Algumas dessas preocupações com as estórias podem ser exploradas escrutinando o modo pelo qual grupos de interesse poderosos na sociedade de fato promovem e empregam materiais narrados (GOODSON; GILL, 2011; GOODSON, 2013; 2014; 2017).

No próximo capítulo analisaremos exemplos do uso de estórias na mídia como forma de explorar essa questão complexa, porém crucial.

Referências

ANDREWS, M. (1991). *Lifetimes of commitment: Ageing, politics, psychology.* Cambridge: Cambridge University Press.

ARMSTRONG, P. (1987). *Qualitative strategies in social and educational research: the life history method in theory and practice.* Newland Papers, n. 14. Hull: School of Adult and Continuing Education/University of Hull.

BRISTOW, J. (1991). Life stories – Carolyn Steedman's history writing. *New Formations*, 13.

CARTER, K. (1993). The place of story in the study of teaching and teacher education. *Educational Researcher*, 22(1).

CHAMBERS, C. (1991). Review of teachers as curriculum planners: Narratives of experience. *Journal of Education Policy*, 6(3).

COCHRAN-SMITH, M.; FRIES, M.K. (2001). Sticks, stones and ideology: The discourse of reform in teacher education. *Educational Researcher*, 30(8).

DENZIN, N. (1989). *Interpretative Biography – Qualitative Research Methods.* Series 17. Londres: Sage.

DENZIN, N. (1993). *Review Essay: On hearing the voices of educational research.* Illinois: University of Illinois [mimeo.].

GOODSON, I.F. (1981). Life histories and the study of schooling. *Interchange*, 11(4).

GOODSON, I.F. (2013). *Developing narrative theory: Life histories and personal representation.* Londres/Nova York: Routledge.

GOODSON, I.F. et al. (ed.). (2017). *The Routledge international handbook on narrative and life history.* Londres/Nova York: Routledge.

GOODSON, I.F.; GILL, S. (2011). *Narrative pedagogy.* Nova York: Peter Lang.

GOODSON, I.F.; GILL, S. (2014). *Critical Narrative as Pedagogy*. Londres/Nova York: Bloomsbury.

HUBERMAN, M.; THOMPSON, C.; WEILAND, S. (1997). Perspectives on the teaching career. In: BIDDLE, B.; GOOD, T.; GOODSON, I. (eds.). *International Handbook of Teachers and Teaching*. Londres: Kluwer.

JAMESON, F. (1984). Prefácio. In: LYOTARD, J. (ed.). *The postmodern condition: A report on knowledge*. Mineápolis: University of Minnesota Press.

LYOTARD, J. (ed.). (1984). *The postmodern condition: A report on knowledge*. Mineápolis: University of Minnesota Press.

MELLY, G. (1993). Look back in angst. *Sunday Times*, 13/06/, p. 9.

SAGE, L. (1994). How to do the life: Análise de *Writing Dangerously: Mary McCarthy and Her World*, de C. Brightman. *The London Review of Books*, 10/02.

SARTRE, J. (1961). *Les chemins de liberté*. Londres: Penguin.

SHROFEL, S. (1991). Análise do texto: School reform, professionalism, and control. *Journal of Educational Thought*, 25(1).

STEEDMAN, C. (1986). *Landscape for a good woman*. Londres: Virago.

STENHOUSE, L. (1975). *An Introduction to curriculum research and development*. Londres: Heinemann.

WILLINSKY, J. (1989). Getting personal and practical with personal practical knowledge. *Curriculum Inquirer*, 19(3).

5
Histórias de vida e prática profissional

I.F. Goodson

Às vezes acho que, assim como os cigarros, as histórias de vida deveriam vir com um aviso. Não "o cigarro pode prejudicar seriamente a saúde", e sim "histórias de vida podem prejudicar seriamente a sua compreensão". Isso porque as histórias de vida são mecanismos complexos e muitas vezes contraditórios. Boa parte tem a ver com a sua localização: elas existem nas interseções e nos locais das nossas batalhas multifacetadas por individualidade e identidade. Devido à sua localização, portanto, elas são supremamente adequadas para abrir janelas para as complexidades do nosso ser social. Logo, as histórias de vida devem ser tratadas com muito cuidado, mas a recompensa pela investigação social pode ser grande.

Gostaria de mencionar uma ou duas contradições que sugerem as dificuldades. No período atual de fragmentação pós-moderna, com tradições e práticas estabelecidas sob expressiva ameaça, as nossas batalhas por identidade enfrentam ambientes notadamente caóticos e díspares. A história de vida pode servir como um ponto para o restabelecimento de certo sentido de unidade e coerência diante de uma existência fragmentária. Quanto mais fragmentária a nossa existência, mais unificadas as nossas estórias de vida poderão se tornar. Nesse ponto, a nossa experiência de vida e a nossa estória sobre ela poderão ser quase opostas. Desconfio que essa relação entre experiência de vida e estória de vida sofrerá oscilações e alterações durante a vida e em momentos históricos diferentes.

Similarmente, o roteiro social de expectativas que nos acompanha desde quando viemos ao mundo cria "papéis" diferentes para pessoas diferentes. Para um homem branco rico, o roteiro social escrito antes do nascimento (p. ex., estudar numa boa universidade) pode se mostrar aceitável e será vivido e narrado conforme planejado. Para aqueles de outra classe, raça e gênero, o roteiro escrito pela sociedade será mais opressor e a vida poderá ser vivida como uma tentativa de desconstruir o roteiro social.

Repetindo: estórias de vida são mecanismos contraditórios. Por esse motivo, entre outros, desenvolvemos uma distinção entre estórias de vida e histórias de vida. Isso não resolve muitas dessas questões, mas busca combater alguns dos fatores em jogo. A estória de vida é a estória que narramos sobre os eventos da nossa vida. Essa estória costuma se referir ao diálogo interno que chamo de "nosso projeto reflexivo da individualidade".

A história de vida é construída colaborativamente por um narrador da estória de vida e um pesquisador/entrevistador da estória de vida. Aqui a aspiração é diferente daquela da estória de vida. O objetivo é "localizar" a estória de vida no seu funcionamento em determinadas circunstâncias históricas. Emprega-se uma série de dados: documentos, entrevistas com pessoas relevantes, teorias, textos, até edifícios e lugares físicos. Esses dados são, por assim dizer, "triangulados" para localizar a estória de vida como fenômeno social existente num momento histórico. A história de vida pretende criar uma estória diferente daquela da estória de vida pessoal. Nessa estória, os mundos mais amplos de poder e significado são situações onde a estória de vida está embutida. Sem isso, argumentamos que a estória de vida é uma perspectiva limitada e um local de dados potencialmente perigoso, pois, como afirma Samuel: "A história vinda de baixo... sem uma estrutura maior... torna-se uma rua sem saída e perde o seu potencial subversivo" (SAMUEL, 1989, p. 23).

O desenvolvimento de dados de histórias de vida pode ajudar a ampliar a nossa compreensão sobre o trabalho profissional do professor. A seguinte seção apresenta um exemplo de como essa busca por dados de pesquisa incluindo toda a perspectiva de vida do professor sobre o seu trabalho e prática pode transformar a nossa compreensão. Nem todos os dados propiciam tal transformação suave como nesse exemplo; de certa forma tudo parece "limpo demais". Mas esse exemplo foi escolhido precisamente porque mostra o poder do trabalho com histórias de vida com uma clareza ímpar. Na seção final, a importância desse trabalho é avaliada e seu potencial para o nosso trabalho com práticas profissionais é tentativamente determinado.

Introduzindo os computadores na vida de um professor

No período do fim da década de 1980 até o início da década de 1990, a província de Ontário passou por um programa expressivo de investimento para o fornecimento de computadores às salas de aula. Vários projetos de pesquisa foram financiados para analisar e avaliar essa iniciativa. Desde a década de 1990, trabalhamos num dos maiores projetos e subsequentemente analisamos e escrevemos os dados para um novo livro chamado *Computer Wars* (GOODSON; LANKSHEER, 1999).

A equipe do projeto era formada por um grupo extenso de colegas de pesquisa e membros da faculdade, cobrindo um espectro que ia de fanáticos por tecnologia a ludistas cínicos. Neste capítulo analisamos a resposta de um professor aos computadores introduzidos na sua sala de aula e, ao fazê-lo, comentamos as nuanças metodológicas do nosso estudo de pesquisa.

No período inicial da pesquisa, o nosso foco principal foi na observação em sala de aula e oficinas de orientação tecnológica. Porém, Goodson, coordenador do projeto, e Mangan, pesquisador sênior, queriam ampliar o foco para além da análise da implementação tecnológica. Goodson, ludista não técnico, e Mangan, entusiasta da tecnologia com reservas sociológicas, começaram a defender uma série de estudos de histórias de vida em busca de uma série mais ampla de *insights* sobre o impacto dos computadores na vida e no trabalho do professor.

Neste capítulo, o nosso foco se volta a um professor para mostrar como esse foco mais amplo nos levou a reformular as nossas "representações" iniciais da resposta de um professor aos computadores. Os nossos primeiros dados sobre Jim, professor de Geografia, concentram-se na sua resposta após ser convidado a integrar o projeto e a participar da reunião de orientação inicial.

> **MM:** Hum... Então não explicaram a você como o escolheram ou por que pescaram você e não outra pessoa do departamento?
>
> **Jim:** Não, simplesmente me pararam – me pararam no corredor, o diretor e PN. Eu não conhecia PN, então... e pareceu bom no momento, mas depois me arrependi, certo? Embora eu também... não tenha me arrependido de todo, porque agora conheço um pouco sobre isso e vou ficar envolvido, e acabei não trabalhando tanto principalmente porque – não principalmente porque – o chefe do meu departamento [DS] está tão envolvido com computadores, então – e ele se envolveu, então ele assumiu o trabalho no meu lugar e terá de me ensinar outra vez muitas coisas.
>
> **MM:** Você entendeu que o projeto exigiria um treinamento razoável no trabalho quando se envolveu pela primeira vez?
>
> **Jim:** Ah, sim, sim, sim. Eu fiquei ansioso com isso, mas, hum... fui às primeiras reuniões, mas depois desanimei, entendeu? E devo admitir que estou to-

talmente desanimado agora, então vou precisar me animar outra vez e recomeçar no próximo outono.

Jim, portanto, desde o início faz uma observação de reserva: "fiquei ansioso", o que poderia às vezes expressar-se como "resistência".

> **MM:** É interessante porque um dos outros professores recentemente disse que achou a reunião meio intimidadora com todos aqueles chefões lá, mas você não sentiu isso, sentiu?
> **Jim:** Não, não. Eu tento não deixar as pessoas me intimidarem... [MM ri]... se é que isso é possível. Eu estava lá como voluntário, não estava sendo pago. Eles não – não existe ameaça à minha vida – quero dizer, não vão me cortar nem nada. Podem dizer, "Você tá fazendo um lixo de trabalho". Tudo bem... Me dar um tapinha no ombro, mas não vai mudar meu salário, meu cargo, sabe, sou eu o envolvido, então eu não vejo as pessoas me intimidando ou [o telefone está tocando].

A nossa resposta a Jim sobre a equipe de pesquisa não foi diferente do modo pelo qual os professores estereotipam e classificam os alunos da turma nos primeiros dias. Quando se trabalha com muita gente, tende-se a criar categorias simplificadas e estereótipos – você sabe que são inadequados, mas ainda assim podem se tornar enrijecidos. "A primeira impressão é a que fica."

Uma primeira impressão sobre Jim era a de um "rebelde". Conhecendo as predileções ludistas de Goodson, a equipe de pesquisa observava, "achamos que encontramos um rebelde para você". "Ei, Jim é o ludista que você estava procurando." Mesmo sendo jocosos, esses comentários expressam aspectos sérios da verdade – Goodson tinha reservas sobre computadores e esses sentimentos foram confirmados quando um professor expressou essas reservas e resistências. Às vezes Jim expressava isso de modo bem direto.

MM: Sim. Acho que onde isso se relaciona ao uso do computador é... algo com que os professores demonstram se preocupar é que usar computadores é algo igualitário e unif... uma imposição de um currículo mais uniforme. Em outras palavras, você não pode alterar o currículo do computador do mesmo modo que poderia variar os seus planos de aula e materiais de ensino etc. Você acha perigoso? Ou?...

Jim: Não, porque... eu não faria de jeito nenhum. O computador não vai me substituir.

MM: Não?

Jim: De jeito nenhum.

MM: Não acha que vai restringir a sua liberdade?

Jim: Vai... vai restringir a sua liberdade se você se tornar escravo e entrar... tudo gira ao redor do computador, então, sim, a sua liberdade acaba. Mas, no meu caso, por não usar computador, é um indicativo de que talvez eu não vá deixar outra pessoa... outra coisa interferir. Não, sempre pensei nisso como um tremendo suplemento para outras coisas que acontecem em sala de aula, outros tipos de aulas. Tudo bem, para construir uma base de crianças que saibam usar para os trabalhos em laboratório. Quando estiverem sozinhas e precisarem interpretar ou talvez desenhar ou extrapolar alguma coisa. Porque quero voltar à planilha. É tão organizada. Então trabalhei muito nisso. Não vai me substituir. Pelo menos não em sete anos.

Em outros momentos ele expressou uma opinião mais ambivalente – vendo os problemas para a sua própria vida de trabalho e depois concentrando-se nos motivos do ponto de vista dos seus alunos.

VR: Hum... Você disse que o material de apoio e audiovisual e coisas assim mudaram. Como você vê os computadores nesse processo?

Jim: Bem, é a próxima mudança que preciso engolir. Como já admiti, ainda tenho certo medo porque ainda não me acostumei. E vai começar logo e estou torcendo que não me pegue de surpresa. Se me pegar, ainda assim vou viver, então não vou me preocupar. Mas é uma ferramenta absolutamente tão útil que é necessário que chegue, e eu preciso me esforçar e deixar de ser antiquado e adotar o novo, porque, hum... todos os alunos que saem do ensino médio devem ter algum conhecimento de informática. E eu não vou fazer um sermão sobre a importância e a necessidade da Geografia, mas somente a aplicação de computadores em várias profissões, pelo simples motivo de que eles não vão trabalhar com Geografia pelo resto da vida.

Do nosso ponto de vista, Jim era um rebelde que expressava certa ambivalência. Nas suas atitudes, porém, Jim era claro – desde o início de 1989 sempre estava "ocupado demais" para introduzir os computadores na sua sala de aula ou levar a turma ao laboratório de informática. Disse que "tinha medo" de "ser pego de surpresa", o que era confirmado por suas atitudes. Mas prometeu que no verão de 1989 compraria o seu próprio computador e desenvolveria "alguma coisa" para a turma. Mas nada fez e as notas de campo confirmam a crescente convicção de que Jim não "se renderia" ao computador.

Jim não se mostrava animado ao nos ver. Apesar das suas declarações no fim do último período, logo confessou que havia passado o verão inteiro no sítio ou viajando pelo leste do Canadá. Nada a respeito de projetos de informática no verão. Falei que agora eu era o responsável por Geografia, portanto desejava ajudá-lo a separar alguns aplicativos para as aulas. Ele sinalizou que tentaria desenvolver algo em breve com a minha ajuda e a de Steve. Entretanto, ele seria treinador de futebol mais uma vez naquele ano e estaria ausente na terceira semana de setembro numa viagem pelo norte de Ontário patrocinada pela Associação de Mineração de Ontário.

Como no ano passado, Jim já tem várias coisas "extras" agendadas para este ano. Disse que fazia parte de um grupo de professores selecionados para participar de um evento de uma semana sobre mineração, que aconteceria no norte de Ontário, de 23 a 30 de setembro. Isso significa que ele estará ausente da escola por uma semana e será substituído por outro professor. Além disso, ele será o treinador de um time de futebol de meninos neste ano. Disse que não estava nos seus planos, mas, depois de ser o campeão no ano passado, não tinha como recusar!

Ou no verão de 1990:

Parece que agora conseguimos nos entrosar com quase todos no projeto. Talvez Jim seja a única exceção. Parece desconfiar de nós, embora eu ache que gosta de nós em termos pessoais. Outro dia, na exposição Brock Art, comentou: "evito tudo que se relacione a computadores". Nada estraga tanto uma relação quanto a culpa e acho que ele se sente culpado quando está com a gente. Ele acha que descumpriu alguma obrigação que assumiu com o projeto e com a gente, já que somos parte do projeto. Mesmo assim, ele é sempre simpático com a gente em âmbito pessoal.

Se para a equipe de pesquisa Jim era "o nosso rebelde", para os colegas ele era uma "baleia encalhada", "um caso perdido", alguém esgotado e na hora de se aposentar. Eles expressavam diretamente a crença de que Jim "jamais" aceitaria os computadores.

Steve me dirigiu uma "pergunta simples", segundo ele. Queria saber o que aconteceria com Geografia no projeto. Jim ainda não tinha usado o laboratório e Steve achava que jamais usaria. Disse que ele vai nos dizer que vai usar, mas vai inventar várias desculpas e nunca vai usar. Ele sabe porque já passou por isso antes com Jim e não teve êxito. Está preocupado que Jim represente todos os geógrafos em nossos relatórios. Eu garanti que isso não aconteceria, mas ele estava desconfortável com a situação. Disse que não queria nos forçar a nada, mas que seria uma boa ideia visitar as suas aulas também. Eu falei que Jim havia nos contado os seus planos para este ano, mas que tinha estado ocupado demais até agora. Ele disse que era verdade, mas Jim sempre estará ocupado demais com outras coisas para achar tempo e usar o computador.

Havia pessoas de geografia que já estavam envolvidas com computadores, mas não nesse nível. Não em um nível em que realmente podemos ensinar as crianças usando os computadores, porque elas não têm computadores. E essa era uma oportunidade de realmente termos computadores suficientes para de fato usá-los na sala de aula. Então eu queria a geografia participando. Não tinha que ser eu exatamente, mas eu já tinha tentado envolver o Jim com o Commodore e não estou falando de uma única tentativa. Tentamos várias vezes, todos os dias que tínhamos disponíveis, alguma coisa se relacionava, quero dizer, eles mexiam com o computador. E nada aconteceu e eu sabia que provavelmente não aconteceria de novo.

Tanto a equipe de pesquisa quanto o outro professor de Geografia por fim concordaram que Jim "representava" um tipo.

MM: É... Para começar, queríamos que o projeto fosse um esforço de entrada em algumas áreas novas, como, por exemplo, não apenas ciências, matemática e contabilidade. Então esse foi um dos motivos de querermos geografia e algumas das outras disciplinas. E seja qual for a história por trás, de certa forma estou feliz por termos Jim porque acho que uma das coisas frequentes nesses projetos de avaliação é que é uma animação inicial que não vinga e às vezes pessoas com ótima formação, como a sua.

Steve: Sim, você tem razão.

MM: E isso gera uma situação artificial. Uma coisa que eu acho que vai ajudar em nossa avaliação é tentar entender quais são os tipos de resistência ou relutância de pessoas como o Jim. Porque não acho que podemos esperar que todos acolham o uso de computadores nas escolas de braços abertos.

Steve: Não. Ele certamente provou isso. Não, eu concordo. Como ferramenta de pesquisa, é preciso olhar o espectro total e ele certamente é parte desse espectro. Não há dúvidas. Mas ao mesmo tempo, se você fosse, depois que você define, tem muita informação que surgiu das coisas que alguém usando os computadores poderia fornecer e que ele nunca vai conseguir fornecer a você.

MM: Verdade. É exatamente por isso que queríamos que vocês se envolvessem mais.

Nesse momento, os pesquisadores e os colegas de Jim haviam concordado mais ou menos sobre Jim. Nas notas de campo, isso foi expresso assim.

Embora eu não deseje tentar uma psicanálise com Jim, a combinação dos seguintes fatores parece explicar a sua relutância em se envolver com computadores:

- Insegurança pessoal: hábitos de preparação metódica; medo de não conseguir dominar ou controlar completamente o material durante uma apresentação em sala de aula; inabilidade de controlar totalmente o material apresentado pelos programas.

- Padrões de ensino estabelecidos: de modo relacionado ao item anterior, as apresentações dele parecem muito uniformes todos os semestres. Ele escolheu certos recursos didáticos que usa há vinte anos sem mudanças. Estilo "socrático".

- Relacionamento pessoal com os alunos: Jim gosta de conhecê-los pessoalmente; brinca com eles, faz contato visual individual em todas as aulas; tem uma postura paternal com a maioria.

- Tratamento individualizado: Jim afirmou reiteradamente o seu desinteresse em programas de avaliação por achar que há considerações intangíveis que devem entrar na nota final do aluno. Acha que os computadores são insensíveis às necessidades e circunstâncias individuais de cada aluno.

- Tecnofobia: e, finalmente, Jim várias vezes descreveu-se como "antiquado", querendo dizer que não somente usa técnicas de ensino antiquadas, mas que está comprometido com um conceito tradicional de letramento. Enfatiza a necessidade de saber escrever bem e saber usar mapas e materiais escritos. Desconfia que os computadores minam essa cultura literária tradicional.

E as questões poderiam ter parado por aqui. Porém, nós havíamos realizado entrevistas que estavam sendo transcritas sobre a história de vida de Jim. Essas colaborações da história de vida nos permitiram ver os eventos de modo crucialmente distinto das entrevistas e observações normais da pesquisa. Elas fornecem "conversas fundamentadas" para explorar os pontos profundamente. Algumas das hipóteses do caso de esgotamento de fato surgiram nessas entrevistas.

> **MM:** Eu já devo ter ouvido isso em entrevistas anteriores, mas esqueci. Falta quanto tempo para você se aposentar?
>
> **Jim:** Sete anos.
>
> **MM:** Sete anos.
>
> **Jim:** De cinco a sete anos.
>
> **MM:** Então ainda falta um tempo.
>
> **Jim:** Falta.
>
> **MM:** Porque, se fosse comigo, eu me perguntaria... Acho que eu me perguntaria se o investimento em aprender algo tão complexo e grande como a Aprendizagem Assistida por Computador a essa altura valeria a pena... nos últimos anos da minha carreira. Você acha que tem a ver?
>
> **Jim:** Não.

MM: Não? Você ainda se interessa por coisas novas...

Jim: Sete anos seriam o meu limite. Se eu já estivesse exausto, doente ou outra coisa... aos 55... poderia se estender um pouco mais. Então... não, em termos de investimento fiscal, acho que não. Não posso dizer que minha esposa e eu somos pobres, então não é isso.

Outras questões emergiram nas entrevistas. Além de completar 50 anos, o pai de Jim tinha acabado de falecer e ele passava muito tempo visitando a mãe doente.

VR: E seus pais ainda moram em Windsor?

Jim: Não, meu... [longa pausa] meu pai morreu há quatro anos e minha mãe está num asilo.

VR: Perto?

Jim: Não, perto de Blythe, não é muito longe. Fica a 1:10min daqui. Então eu a visito, mas... Para dizer a verdade ela não está bem de saúde, então...

VR: Fica difícil.

Jim: Ah... Estamos preparados... Acho que ela vai morrer, todos nós sabemos o que está acontecendo e... Ela quer assim, então...

Portanto, começamos a entender como a trajetória do projeto "colidia" com a trajetória da vida de Jim. Uma hipótese alternativa foi gerada. Talvez Jim estivesse sendo sincero quando dizia, e ele repetia: "Eu vou acabar entrando no final". Era o que parecia depois de um tempo difícil na sua vida: a morte do pai, a imersão na doença terminal da mãe, estar próximo dos 50 anos. Em outro patamar, começamos a ver a situação quase como heroica a ponto de tentarmos uma abordagem nova sob tais circunstâncias – a aceitação de toda a culpa por Jim de repente pareceu estoica.

MM: Sei que você tem pressa. Você tem algum outro comentário sobre o projeto? Você acha que tem apoio suficiente nosso na faculdade?

Jim: Sim, sim. Eu simplesmente não soube aproveitar o apoio de vocês, é isso. Então... Se existe um culpado, sou eu. Está à minha disposição, à minha espera... Steve quer ajudar e eu fui o elefante pesado com chumbo nos pés. Então a culpa é minha. Não é culpa sua, da Valerie, do Steve, da escola nem de ninguém. É minha. Então vamos começar na semana que vem. Vamos arranjar tempo.

De repente as notas de campo mudam. Em janeiro de 1991, por exemplo. Também vale observar que, durante a minha entrevista com Jim, ele mencionou que era seu aniversário e que tinha completado 51 anos no dia da entrevista. Isso surtiu o efeito de explicar retroativamente muitas coisas. Eu tinha acabado de ler um artigo de Tom Brokaw na *Esquire* sobre o trauma de completar 50 anos e de repente entendi que, durante todas as etapas anteriores do projeto de pesquisa, Jim estava próximo ou vivendo a idade de 50 anos. Os comentários dele sobre estar cansado, esgotado e ser antiquado de repente atraíram os holofotes. O seu jeito distraído e problemático em geral pode ter a ver com isso. Ademais, o fato de ter passado dos 50 anos e essa crise em especial ter ficado para trás pode ter preparado o terreno para ele finalmente seguir com um projeto novo e desafiador que ele vinha adiando há meses.

Outras explicações começam a emergir. Steve disse algo que pode ser a chave para a relutância de Jim em participar: ele disse que Jim é um professor muito bem-preparado que sempre dedica muito tempo preparando-se para as aulas. Steve falou que Jim guarda anotações cuidadosas de planos de aulas e provas anteriores e as consulta com frequência. Ele viu Jim replicar completamente um folheto de aula reescrevendo-o, mesmo podendo simplesmente reproduzi-lo de documentos mais antigos.

Enquanto isso, Jim havia começado, no seu próprio tempo, a aceitar os computadores – após dois anos de "resistência" e depois que o projeto havia efetivamente terminado. As nossas entrevistas sobre história de vida nos levaram a permanecer com ele.

Comecei o dia no laboratório de informática, onde Jim estava outra vez. Embora tenha começado depois dos outros, ele parece estar a todo vapor com os computadores. Já teve aulas em três horários e reservou o laboratório para os períodos 1 e 5 (as suas duas aulas OAC) nas seguintes datas: 22, 23, 27, 29, 30 de novembro e 3 de dezembro. Estava ocupado imprimindo cópias de mapas no laboratório para usar nos próximos projetos.

As novas sensibilidades desenvolvidas através de conversas sobre a história de vida começaram a emergir em novos relatos da situação:

Jim, tendo "perdido a virgindade" com os computadores, agora não consegue parar. Reservou suas aulas no laboratório por 6 num total de 8 dias. De certa forma, isso parece ser uma imitação do exercício de Steve para os alunos de OAC. Porém, também acredito que isso tenha a ver com todos os motivos para a relutância de Jim até hoje. Ele não queria usar os computadores simplesmente para fazer algum tipo de exercício amador: já que era para usar, ele queria que fosse um problema sério de análise de dados. Agora ele mergulhou no outro extremo e está fazendo muito com o sistema de uma vez só. Tem enfrentado problemas, mas está lidando muito bem com eles.

Conclusão

Este capítulo aponta duas questões relativas à história de vida e prática profissional:

(1) A questão do conteúdo e (2) a questão da colaboração.

Primeiro, o trabalho suscita questões sobre os limites de paradigmas de pesquisa existentes na iluminação de práticas profissionais. Os métodos convencionais de observação na pesquisa, entrevistas estruturais e levantamentos em geral são conduzidos pela percepção do pesquisador ou pelo folclore do praticante. São métodos severamente circunscritos porque deixam de se envolver com a interseção entre as práticas profissionais e uma perspectiva de vida integral dos praticantes profissionais. Há poucas tentativas de se explorar o trabalho e a vida profissional na sua interseção com perspectivas mais amplas de vida integral. Um pesquisador de médicos recentemente explicou:

> Boa parte dos trabalhos com médicos vê a sua vida somente através de um prisma profissional. Se vissem o trabalho do médico principalmente como um "*hobby* interessante" de homens de classe média, muita coisa seria vista de forma diferente (*Health Researcher*, 1998).

O trabalho profissional não pode e não deve ser divorciado da vida dos profissionais. Como pode ser comprovado conclusivamente no exemplo citado, os estudos com histórias de vida têm a capacidade de transformar o conteúdo das nossas análises, das práticas profissionais. Quando situada dentro de uma perspectiva de vida integral, a prática profissional é capaz de *transformar* os nossos relatos. Os limites dos relatos e da pesquisa convencional são dramaticamente expostos. Ao fazê-lo, os nossos relatos de pesquisa podem ser dramaticamente reconceituados e transformados.

Associada ao retrabalho do conteúdo está a questão da percepção e voz pessoal. Na entrevista colaborativa com histórias de vida ocorre um compartilhamento recíproco de visões e percepções. O praticante profissional tem o poder de expressar uma gama mais ampla de interesses e fazê-lo como uma troca dialógica que pode mudar tanto a natureza do relato quanto a natureza da consciência (tanto para o profissional quanto para o pesquisador). O nosso diálogo colaborativo tem o potencial de retrabalhar substancialmente os nossos entendimentos da prática profissional. Essa colaboração pode ajudar os nossos estudos sobre prática profissional e fazê-lo de modo a iluminar a interseção entre vida e trabalho. Esse tipo de colaboração é uma modalidade de estudos relativamente inexplorada que busca reconceituar o nosso entendimento das práticas profissionais.

Ao abrirmos um diálogo em torno dessas questões, a voz pessoal do profissional é encorajada. A colaboração que subjaz ao trabalho com histórias de vida abre um fluxo rico de diálogo e discussão que pode transformar os nossos entendimentos. O exemplo deste capítulo mostra essa transformação acontecendo, porém, num sentido mais geral, abordagens com histórias de vida podem transformar os nossos entendimentos do profissional e do pessoal.

Existe um outro sentido em que as abordagens com histórias de vida podem transformar os paradigmas profissionais de pesquisa. Muitas pesquisas criam uma cultura de conhecimento e privilégio para o pesquisador, além de uma cultura de emudecimento, apropriação e colonização acadêmica para o pesquisado. A história de vida busca, sem ser inteiramente bem-sucedida, "nivelar o campo de atuação".

De certa forma, a desigualdade que é estruturada na pesquisa convencional é desestabilizada. O pesquisado é o conhecedor da própria vida; ninguém conhece melhor do que ele a complexidade e a intimidade da sua vida. O pesquisador, a quem se atribui o papel de ouvinte, assume o papel inicial de aprendiz. A partir dessa base ocorrem colaboração e análise, mas o fluxo de informação e diálogo é parcialmente monitorado por quem é pesquisado. A negociação da pesquisa, portanto, é diferente do modelo convencional. Mas é claro que, com todo tipo de solução, surgem novos problemas. A história de vida, embora altere os termos da negociação, estabelece novos dilemas críticos. Notadamente, o acesso que pode ser concedido aos detalhes íntimos da vida profissional precisa ser administrado com cuidado em termos de publicações e descrições mais públicas.

Em suma, a história de vida pode transformar os nossos relatos e colaborações. O valor e a importância dessa transformação são substanciais. Vale a pena uma exploração adicional dessas abordagens metodológicas e uma exploração detalhada das questões éticas e situacionais que surgem na sua implementação.

Referências

GOODSON, I.F.; LANGSHEER, C. (1999). *Computer wars*. Nova York: St. Martin's Press.

Health Researcher (1998). Comunicação pessoal, 20/01.

SAMUEL, R. (1989). Heroes below the hooves of history. *The Independent*, 31/08.

6

Missões pessoais e desenvolvimento profissional dos professores

I.F. Goodson

Muitas reformas escolares e teorias de mudança atuais partem do pressuposto de que, como nem tudo está bem nas escolas (verdadeiro), reformas e mudanças podem ajudar a situação (falso). Pressupõe-se que a enunciação clara de objetivos, respaldada por uma bateria de provas, acompanhada de estratégias de responsabilidade e confirmada por uma série de incentivos financeiros e pagamentos por resultados, inevitavelmente elevará os padrões escolares. O professor é posicionado como parte essencial desse sistema de resultados, mas os aspectos técnicos do profissionalismo do professor são enfatizados, e não a biografia profissional – missões e compromissos pessoais que pautam o sentido de vocacionalismo e profissionalismo cuidadoso do professor.

Podemos enfatizar exageradamente esse elemento de crescente tecnicalização que está longe de ser universal e podemos bradar o ataque ao senso de vocação do professor. Entretanto, o que é irrefutável é que há poucos trabalhos sobre a "personalidade da mudança". Em pouquíssimas instâncias as reformas escolares ou teorias da mudança foram promulgadas de modo a posicionar o desenvolvimento pessoal e a mudança como "pilares centrais" no processo. Em vez disso, as mudanças são buscadas de maneiras que parecem insistir que isso acontecerá, apesar das crenças e missões pessoais do professor. É muito comum que a "personalidade da mudança" seja vista como o "obstáculo" a uma verdadeira reforma, e não como um "pilar" crucial.

Nesta seção, quero evidenciar por que tal visão é potencialmente catastrófica para a atual onda de reformas e iniciativas de mudança. Antes disso, contudo, vamos analisar um mito comum na reestruturação escolar atual. Ele tem várias incorporações, mas é algo assim: antigamente (décadas de 1960 e 1970), em vários países ocidentais, operávamos serviços sociais democráticos e estados de bem-estar social pouco organizados.

Como as economias eram afluentes, a disciplina era razoavelmente casual e os professores (como outros profissionais) tinham graus incomuns de autonomia e autodireção profissional. O resultado era um senso débil de disciplina social e padrões escolares baixos.

Esses dias não existem mais, os governos agora controlam firmemente as escolas – objetivos e provas estão sendo definidos claramente, e a disciplina e os padrões escolares melhorarão continuamente.

A respeito dos professores, a estória é assim: os velhos tempos de profissionais autônomos e autodirigidos acabaram – o "profissional novo" é tecnicamente competente, cumpre novas diretrizes e decretos, e vê o ensino como um emprego em que, como os outros, ele é gerenciado e dirigido, apresentando o resultado solicitado. A mudança educacional no âmbito do ensino significa substituir assim que possível os "profissionais antigos" pelos "profissionais novos". Depois que essa tarefa for cumprida, e os "profissionais antigos" tenham sido "varridos", emergirá um sistema escolar novo, mais eficiente e melhor.

De alguma forma, essa estória é parecida com as iniciativas de reestruturação buscadas numa série de indústrias e serviços, mas quero sugerir que, especialmente na educação, ela tem se mostrado um pacote perigoso a buscar. Vejamos isso da perspectiva do professor. Do ponto de vista dos "profissionais antigos", o padrão é nítido – dizem a eles que "o jogo acabou". Ou abandonam os seus sonhos de autonomia profissional ou se aposentam mais cedo. Os resultados são previsíveis em toda parte – uma enxurrada de "aposentadorias precoces", além de um grupo de professores que "teimam" num estado de desespero e desencanto.

Para os reformistas, isso pode ser considerado um pequeno preço de transição a pagar pela substituição dos "profissionais antigos" por "profissionais novos conscientes que apresentam resultados". Mas aí precisamos parar – será tão simples assim? Até nas empresas a reestruturação mostrou-se mais complexa e contraditória do que se esperava. Nas escolas, a questão é confusamente humana e pessoal. Aqui, desespero e desencanto conduzem diretamente a um ensino sem inspiração e oportunidades de vida estragadas para os alunos.

Ignorar a "personalidade da mudança" pode ser altamente perigoso.

Ao conversar com os professores é possível ver o que acontece com os seus compromissos. Veja o que fala um professor premiado do tipo "profissional antigo":

> Eu provavelmente poderia dividir os meus 30 anos talvez em blocos de cinco ou seis anos. Nos primeiros anos, talvez cinco, eu me atrapalhava. Eu estava tentando entender aquilo. Algumas coisas eu fazia muito bem e, outras vezes, eu era um total desastre. Mas naquela época eu estava acumulando experiências. Então eu era aquele tipo de pessoa atrapalhada sensível. E aí tive a minha turma de redação criativa em 1975 e depois tive a minha primeira turma de dignidade acadêmica em 1979. De 1975 até prova-

velmente 1985, foi uma era dourada quando os meus alunos e a minha curiosidade intelectual estavam no ápice. E eu estava vivendo de uma energia que vinha de fora e de dentro. E eu constantemente buscava novidades, encontrava materiais novos, construía coisas novas e testava tudo. E foi uma época ótima. Em 1985/1986, entrei num período de verdadeira competência em que me sentia como alguém com ferramentas que poderia usar bem e quando quisesse. Eu era um... Eu me tornei um professor muito mais rigoroso. Comecei a prescrever um trabalho final, um trabalho de 15 páginas em que os alunos precisavam ler cinco romances de certo autor, fazer pesquisa biográfica, pesquisa crítica, criar uma tese e defender essa tese. Um trabalho muito rigoroso e difícil e eu sabia como ensinar e extrair isso dos alunos. E eu era... Eu me tornei um especialista, acho, naquele período. Eu estava vivendo... provavelmente era mais divertido estar naquela turma de meio período. Mas acho que, em termos do que eu de fato estava ensinando ou o que os alunos de fato estavam aprendendo, e os conhecimentos que eles adquiriam, acho que aquele terceiro período provavelmente foi o melhor quando eu estava mais qualificado e dando o máximo aos alunos.

E aí nos últimos anos eu me envolvi em TLI e várias coisas tinham mudado: a nova prova *Regents* começava a surgir; a administração começou a impor exigências mais específicas sobre o que eu deveria fazer.

O que o professor me falou é como as novas diretrizes e textos, com o tempo, quase destruíram completamente o seu compromisso e ideias. É um desastre pessoal, mas quero sugerir que essa percepção entre os "profissionais antigos" é um desastre muito maior para a ecologia complexa das escolas. O termo "profissional antigo" precisa ser elucidado melhor. Não quero sugerir determinado profissional de certa idade e estágio, e sim uma visão de ensino em que o profissionalismo é expresso e vivenciado como mais do que um simples emprego – como um vocacionalismo cuidadoso. Essencialmente significa ver o magistério como algo que abrange mais do que recompensa material e serviço técnico, como uma forma de trabalho revestida de objetivo, paixão e significado. Pode soar ingênuo demais (não é sempre – não em todas as circunstâncias – já que todos nós temos dias ruins, períodos ruins; fazemos coisas mundanas materialistas, é claro), mas significa um tipo de profissionalismo em que a "vocação" faz parte do pacote, em que "ideais" são sustentados e buscados. "Profissional antigo", então, capta uma aspiração sentida tanto por professores antigos e novos – refere-se a um tipo de profissionalismo e chama-se "antigo" simplesmente porque já foi mais comum e mais fácil buscá-lo do que nas circunstâncias atuais.

Nas escolas, o ataque ao vocacionalismo do "profissional antigo" torna-se um problema por vários motivos:

- perda de memória;
- perda de orientação;
- retenção e recrutamento do professor.

Vamos analisar um de cada vez.

Perda de memória

Tenho muito interesse no que acontece quando os membros mais maduros de uma indústria ou comunidade se aposentam cedo ou são submetidos a mudanças e reformas das quais discordam, como é o caso em muitas das nossas escolas. Curiosamente, uma série de novos estudos na Grã-Bretanha está analisando o que aconteceu com outra indústria de serviços delicada – as ferrovias. Tim Strangleman, sinaleiro ferroviário, está cursando doutorado sobre a indústria ferroviária. O seu interesse particular é na identidade ocupacional que os trabalhadores ferroviários têm, além da sua habilidade e orgulho em "fazer as ferrovias funcionarem" – um trabalho complexo com uma ampla gama de habilidades e técnicas aprendidas no emprego e transmitidas de um trabalhador a outro. As ferrovias estão sendo reestruturadas e divididas em empresas regionais separadas e independentes, cada uma com orçamento próprio. A habilidade e o orgulho que os trabalhadores têm do seu emprego são um ingrediente central no antigo serviço nacional – pode-se dizer que é característica dos profissionais ferroviários antigos. Mas agora, com a reestruturação:

> Qualquer orgulho residual do emprego está sumindo, já que os novos chefes, sem nenhuma formação ferroviária, estimulam a noção de que "é um trabalho como outro qualquer, como descascar ervilhas" (NEWNHAM, 1997, p. 28).

Isso reflete uma frase similar usada várias vezes por professores mais jovens em nossos estudos, "afinal de contas, ensinar não passa de um emprego como qualquer outro". Nesse estudo sobre ferrovias, Strangleman também faz conexões. Por exemplo, ele:

> faz uma comparação surpreendente com a indústria bancária, onde o termo "perda de memória corporativa" foi cunhado para descrever o processo pelo qual camadas de conhecimento imensurável acumuladas em anos de experiência foram desprezadas na década de 1980 por uma classe gerencial excessivamente confiante sem senso de passado. No contexto bancário, esse conhecimento tácito – aquela coisa empírica, intuitiva – pode ser a diferença entre investimento sensato e insensato. Nas ferrovias, pode ser a diferença entre vida e morte (NEWNHAM, 1997, p. 28).

Isso foi escrito em 1997. Desde então, a Grã-Bretanha testemunha vários acidentes ferroviários horrendos, culminando no acidente de Hatfield, que causou quase uma total paralisação do sistema ferroviário por semanas.

O fechamento do Railtrack e a sua efetiva reestatização levaram a uma série de relatórios e comentários que começam a enfrentar a realidade do que aconteceu. Por exemplo, Keith Harper fala sobre o fato de que:

> durante esse período, muitos funcionários ferroviários antigos decepcionados começaram a sair do Railtrack, sendo substituídos em indicações importantes por pessoas que conheciam pouco a indústria (HARPER, 2001, p. 10).

Christopher Green, presidente da Virgin Trains, também argumenta que "a crítica mais importante à ferrovia é ter perdido "a arte do resultado". Ele afirma que a indústria havia descartado "o sargento maior da linha", querendo dizer que o "ferroviário dedicado que diariamente costumava inspecionar uma linha de 16km e sabia o que estava errado". Esses homens gradualmente deixaram a indústria desiludidos e esquecidos. Foram substituídos pela "tecnologia inteligente", que Green despreza por "acabar de sair do estágio experimental na universidade que vomitou projetos sem serem totalmente testados" (GREEN, 2001, p. 28).

Estranhamente, porém, a curva de aprendizagem parece impossivelmente longa para os funcionários públicos responsáveis por essa iniciativa. Steve Robson é ex-segundo secretário permanente da Fazenda e, enquanto ocupou o cargo, trabalhou em várias privatizações, incluindo as ferrovias, e na iniciativa financeira privada. Na sua análise do problema, não mostra absolutamente a consciência de que trabalho, motivação e as "personalidades da mudança" são questões centrais. Ao contrário, ele volta ao diagnóstico comum de que é principalmente um problema monetário e de incentivos financeiros. Na sua conclusão num texto recente, ele afirma:

> E o Railtrack? Aonde devemos ir agora? A questão básica é a mesma: administração e incentivos. A infraestrutura ferroviária precisa ser administrada

por administradores de alta qualidade que sejam incentivados e fortalecidos para executarem um bom trabalho. A questão para todos nós que desejamos ver este país com um bom sistema ferroviário é se a estrutura que se origina da administração atrairá esses administradores e dará a eles a autoridade e os incentivos certos (ROBSON, 2001, p. 28).

O absurdo míope desse diagnóstico é chocante à luz do que aconteceu com as ferrovias. É como se a força de trabalho e seu conhecimento herdado e contínuo não tivessem importância na prestação dos serviços ferroviários. Mais uma vez, eles voltam ao problema de como incentivar a elite. Essa elite foi aposentada e incentivada no mais absurdo grau, e o resultado foi uma falha catastrófica na prestação do serviço. É de se perguntar que tipos de experiências serão necessárias para que a curva de aprendizagem em certos setores do governo suba.

Talvez nas reformas escolares a purgação dos "profissionais antigos" ante as novas mudanças e reformas possa ser um movimento similarmente catastrófico. É óbvio que esses aspectos da "personalidade da mudança" merecem muito mais atenção.

Perda de orientação

Cada escola é uma comunidade cuidadosamente construída: quando os mais velhos da comunidade se sentem desencantados e desvalorizados, é um problema para a comunidade escolar, e então passa a ser um problema para a prestação bem-sucedida dos serviços educacionais oferecidos pela escola – em suma, um problema de desempenho escolar e padrões educacionais.

Robert Bly (1991) escreveu sobre os problemas causados a qualquer comunidade quando os "mais velhos" estão desencantados, desorientados e são desconsiderados. Esse problema é particularmente relevante quando consideramos os professores. Darei um exemplo específico do que se perde quando toda uma coorte ou seção de professores reage assim. Em nossos estudos, testemunhamos várias escolas onde é palpável o senso de desgoverno, anarquia e falta de direção. Em uma das escolas – uma escola inovadora de referência em Toronto, fundada na década de 1960 – o ex-diretor considerou que o problema era exatamente como aquele das ferrovias.

A coorte antiga de profissionais fundadores havia se desencantado com as novas mudanças e reformas. Como resultado, eles se aposentavam cedo ou continuavam trabalhando de modo descontente e indiferente. De acordo com o ex-diretor, o problema era que ninguém assumia a orientação aos professores jovens por causa disso. Eles simplesmente chegavam e começavam a trabalhar; era um mero emprego e eles seguiam as instruções da direção e as políticas estatais da melhor maneira possível. Como resultado, os "profissionais antigos" (nesse caso específico, principalmente os mais velhos) guardavam o seu conhecimento profissional para si mesmos e a cadeia de transmissão profissional se rompia – as "camadas de conhecimento imensurável acumuladas em anos de experiência" não eram transmitidas à nova geração de professores. Assim, a escola sofreu uma "perda de memória corporativa".

O resultado, aparentemente, foi uma escola sem paixão nem objetivos, sem direção. As pessoas compareciam para trabalhar como em qualquer outro trabalho sem um sentido primordial de vocação ou ideais e, assim que podiam, iam para casa, para a sua outra vida onde supostamente a sua paixão e objetivos viviam e se reavivavam.

Retenção e recrutamento do professor

Nas duas primeiras seções vimos como o vocacionalismo do "profissional antigo" decaiu no magistério, seja formalmente devido a aposentadorias precoces ou espiritualmente porque uma coorte maior de professores se tornou desinteressada e desiludida.

Em determinado momento, os defensores das reformas e os teóricos das mudanças consideraram essa evasão dos "profissionais antigos" um sinal do sucesso da sua estratégia. Como resultado, argumentaram que as escolas seriam rejuvenescidas e preenchidas com defensores ávidos das novas reformas.

Isso se mostrou radicalmente otimista e equivocado. O problema da retenção (ou o não problema, aos olhos dos reformistas) logo se transformou no problema do recrutamento. O segundo é visto como problema porque até os defensores mais radicais das mudanças reconhecem que as escolas precisam de profissionais!

O que a pesquisa vem mostrando é que, de muitas maneiras, os problemas de retenção e recrutamento são relacionados e têm a mesma causa-raiz. Ao que parece, muitas das coortes mais jovens de candidatos a professores estão olhando para o trabalho e tecendo julgamentos parecidos com os dos seus "profissionais antigos" veteranos. A "purgação do antigo" caminha lado a lado com a "rejeição" dos jovens.

Para resumir os motivos, de acordo com as palavras felizes de Bob Hewitt, "iniciativa e desenvoltura foram banidas" agora do magistério e, no seu artigo de despedida "Desisto", ele afirma:

> Ver as escolas de hoje cheias apenas de bobagens burocráticas é deixar de entender a questão seriamente, contudo. Tradicionalmente a educação trata da liberdade. Porém, não existe mais liberdade. Acabou. Iniciativa e desenvoltura foram banidas. Todas as escolas se tornaram parte do *gulag*. Por que, então, os inspetores marcam o horário da leitura com cronômetros? Ou um professor é demitido devido a uma parte da papelada que falta? (HEWITT; FITZSIMONS, 2001, p. 3).

Embora alguns recrutados mais jovens aceitem essa forma de identidade ocupacional, muitos outros mais consideram levar a própria iniciativa e desenvoltura a profissões que valorizem, e não conspurquem, essas características. Por exemplo, Carmel Fitzsimons acaba de se formar professora, mas não acha possível realmente exercer a profissão. No artigo "Desisto", ela comenta:

> Não acho que os professores não sejam criativos – mas a sua criatividade está sendo esmagada pelas engrenagens burocráticas e administrativas. Por exemplo, para cada aula os professores devem preparar folhas de avaliação da aula anterior; aí devem refletir sobre os problemas que emergem na avaliação. Depois devem preparar um plano de aula – pautado em objetivos de longo, médio e curto prazos do currículo; e, após darem aula, devem redigir uma avaliação sobre a aula e depois avaliar individualmente o progresso da aprendizagem de cada aluno. Isso pode significar cinco páginas escritas por aula para cada uma das cinco aulas por dia. Inclua o boletim individual de cada aluno, os registros de leitura e o recolhimento de dinheiro para o passeio escolar e você começa a se perguntar se existe algum tempo livre para vestir o casaco antes de correr para o pátio (HEWITT; FITZSIMONS, 2001, p. 2).

Curiosamente, o mesmo tipo de transição do "profissionalismo antigo" para o "profissionalismo novo" parece estar atuando na enfermagem. Num estudo recente com enfermeiros do sistema público de saúde, Kim Catcheside constata que os padrões de profissionalismo estão se transformando:

> Os enfermeiros modernos são um risco à saúde. Aqueles mais velhos, com formação humanizada, aposentaram-se ou abandonaram a profissão, e o novo lote, com formação ruim e pouca motivação, não se importa com nada e, na sua ignorância, pode tanto curar quanto matar (ARNOLD, 2001, p. 12).

Alistair Ross e uma equipe de pesquisadores estudam a retenção e o recrutamento de professores há três anos. As suas descobertas formam uma leitura salutar para os defensores de reformas e mudanças:

Perguntamos àqueles que estavam partindo para outras carreiras o que os atraía em seu novo trabalho.

Três quintos de todos os professores que estavam partindo para trabalhos fora da profissão não acham que o magistério lhes permite serem criativos e desenvoltos. Esses fatores costumavam ser um dos principais elementos definidores do magistério: as pessoas ingressavam na profissão porque ela costumava lhes oferecer autonomia, criatividade e habilidade para usar a própria iniciativa.

O que aconteceu com a profissão a ponto de deixar esses professores no mínimo tão desiludidos, levando-os a procurar carreiras alternativas? Para os professores, essa pergunta é retórica. As formas pelas quais o magistério passou a ser administrado, com "prestação de contas" e submissão ao controle e à direção, contribuíram para a desmotivação (ROSS, 2001, p. 9).

Eles também perceberam que os problemas de recrutamento e retenção não eram primordialmente econômicos, como tantas vezes se argumentou:

Também percebemos que, para os professores que abandonavam a profissão, não são altos salários alternativos que os atraem. Em nossa amostra de professores partindo para outras carreiras, apenas 27% ganhariam mais do que ganhavam como professores; 27% disseram que ganhariam o mesmo que ganhavam no seu último emprego como professores; e 45% estavam ingressando em funções que pagavam menos do que ganhavam no seu último emprego como professores. São as mudanças na natureza do ensino que estão por trás dos pontos críticos que descrevemos (ROSS, 2001, p. 9).

Conclusão

Por trás da questão da "personalidade da mudança" está o problema complexo do que constitui a ação e o conhecimento profissional. O que caracteriza o profissionalismo do professor? Em nosso livro *Teachers' Professional Lives* (GOODSON; HARGREAVES, 1996) definimos cinco tipos de profissionalismo como clássico, flexível, prático, estendido e complexo. Previmos a emergência no século XXI de um profissionalismo complexo e pós-moderno, baseado numa série de características, notadamente "a criação e o reconhecimento da alta complexidade das tarefas, com níveis de *status* e recompensa apropriados a tal complexidade" (GOODSON; HARGREAVES, 1996, p. 21). Argumentamos que isso ocasionaria uma noção mais personalizada de profissionalismo emergente e baseado:

> numa busca autodirigida e numa luta por aprendizagem contínua relativas aos conhecimentos e padrões de prática de alguém, e não no cumprimento de obrigações enervantes de mudanças infinitas exigidas pelos outros (GOODSON; HARGREAVES, 1996, p. 21).

Geoff Troman (1996) analisou a ascensão do que chama de "profissionais novos". Esse grupo aceita a nova distribuição e hierarquias políticas do processo de reforma, novas diretrizes governamentais, currículo e objetivos nacionais. Contudo, alguns membros do grupo adotaram aspectos da visão de mundo dos "profissionais antigos". Os "profissionais antigos" acreditavam no controle coletivo exercido pelos professores sobre o próprio trabalho, na autonomia profissional e pessoal. De certa forma, os "profissionais novos" acharam algum modo de continuarem a ser semiautônomos e, nesse sentido, estão sendo pioneiros de um novo profissionalismo complexo que pode moderar os efeitos ruins de iniciativas de reforma excessivamente zelosas.

Mas Troman estava estudando as escolas no Reino Unido desde a década de 1980 até a década de 1990, antes que os excessos do processo de reforma mencionados começassem a incomodar. Ele comenta:

> A estratégia de resistência na acomodação é possível neste momento somente porque existem espaços dentro do trabalho do ensino e nas relações entre administração e professores (TROMAN, 1996, p. 485).

De fato, reformas recentes em vários países buscam fechar esses espaços para ações pessoais e profissionais semiautônomas. Ao fazerem isso, estão apertando demais os parafusos e ameaçando transformar o ensino numa profissão atraente apenas aos obedientes e dóceis, deixando de ser atraente aos criativos e desenvoltos. Ao forçarem demais os limites, ameaçam transformar as nossas escolas em locais de uniformidade e esterilidade – dificilmente um lugar onde os padrões crescerão e a inspiração educacional florescerá.

Uma forma de ver essas mudanças e reformas é através dos sinais claros de que são os nossos professores mais criativos e desenvoltos os mais desencantados com as novas prescrições e diretrizes. Numa pesquisa recente, os professores em geral listaram as "iniciativas governamentais" como principal motivo para o seu desejo de abandonar o magistério. É instrutivo ver qualquer profissão ou mão de obra não como uma entidade monolítica, mas composta de vários segmentos. Ao olharmos para o magistério, podemos distinguir três segmentos:

- uma elite ou vanguarda composta pelos 10-20% melhores;
- um grupo "espinha dorsal" convencional composto de 60-70%;
- um grupo limítrofe composto de 10-20%.

O grupo de elite é aquele mais criativo e motivado e costuma ajudar a definir, articular e estender a "missão de ensinar" em geral e de uma escola em particular. O seu compromisso em mudar e reformar é um pré-requisito básico para uma implementação bem-sucedida: o seu desencanto e indiferença tornam as mudanças e reformas uma retórica rasa. Isso se deve notadamente à sua orientação e liderança do grupo convencional de professores, que é composto de 60-70% de profissionais honestos e trabalhadores, formando a espinha dorsal do magistério. A interação de orientação e liderança entre a elite e a espinha dorsal é recíproca e vital para motivar e definir a mão de obra do ensino. Também é fundamental na manutenção de um senso de vocação e missão.

O terceiro grupo de qualquer profissão são os 10-20% minimamente envolvidos: para eles "não passa de um trabalho" e alguns estão no limite do nível de competência. Esse grupo foi o foco de muitas reformas e estratégias de prestação de contas articuladas pelos governos ocidentais recentemente, porém sente-se que, assim como os pobres, "sempre os teremos conosco". Se houver foco nas reformas nesse grupo, pouco de fato mudará a respeito do seu desempenho e motivação. Porém – e paradoxalmente – o mundo é transformado para a elite e a espinha dorsal. Ao atacarem os grupos pequenos e abaixo do padrão, que todas as profissões contêm, muitas das reformas se depararam com uma desvantagem colossal ao desmotivarem a vanguarda e a espinha dorsal. Francamente, usando o jargão empresarial, os custos e benefícios do balanço financeiro são profundamente insatisfatórios – os benefícios são mínimos e os custos são colossais. Se fosse uma simples questão de lucros e resultados financeiros, providências seriam tomadas imediatamente: as reformas seriam abortadas e iniciativas novas, mais motivadoras e sensíveis seriam tomadas. Contudo, como na educação trata-se de julgamento humano e face política, podemos prever uma longa guerra de atritos antes de chegarmos a julgamentos sensatos. Enquanto isso, o sistema continua na sua espiral descendente.

Os sinais de insatisfação crescem diariamente; não apenas problemas de recrutamento de professores, mas de insatisfação e recrutamento de alunos, e o número de alunos sendo educados em casa, não na escola, está disparando sob o Currículo Nacional na Inglaterra. Enquanto isso, em ambientes mais vitais e empreendedores, como Hong Kong, o governo está abandonando um currículo rígido centrado em disciplinas e definido por ementas e partindo para uma estrutura facilitadora flexível de "áreas de aprendizagem fundamentais". Cada escola define o próprio currículo dentro dessa estrutura facilitadora, e o julgamento pessoal e profissional do professor tem procedência maior. Aqui o respeito pela "personalidade da mudança" é incorporado para encorajar mais criatividade e competitividade.

As reformas sobretudo devolvem certo poder de decisão pessoal e profissional ao professor, às "camadas de conhecimento imensurável acumuladas em anos de experiência" que apenas uma administração tola tenta eliminar nas escolas (e nas ferrovias). Nas ferrovias, o resultado da busca exageradamente zelosa por reformas foi um sistema disfuncional letal. Na escola, o efeito nas oportunidades de vida dos alunos será o mesmo.

Referências

ARNOLD, S. (2001). Savage angels. *Observer Review*, 04/02, p. 12.

BLY, R. (1991). *Iron John*. Shaftesbury: Element Books.

GOODSON, I.; HARGREAVES, A. (eds.) (1996). *Teachers' professional lives*. Londres: Falmer.

GREEN, C. (2001). The railwayman's lament. *The Guardian*, 14/04, p. 28.

HARPER, K. (2001). Excuses, and cash supply, finally ran out. *The Guardian*, 08/10/, p. 10.

HEWITT, B.; FITZSIMONS, C. (2001). "I quit". *Guardian Education*, 09/01, p. 2-3.

NEWNHAM, D. (1997). Going loco. *Guardian Weekend*, 01/03, p. 20-31.

ROBSON, S. (2001). Commentary. *The Guardian*, 10/10, p. 28.

ROSS, A. (2001). Heads will roll. *Guardian Education*, 23/01, p. 8-9.

TROMAN, G. (1996). The rise of the new professionals? The restructuring of primary teachers' work and professionalism. *British Journal of Sociology of Education*, 17 (4), p. 473-487.

7
"Os dias de escola são os mais felizes da sua vida"

I.F. Goodson
C. Anstead

> *De certa forma, assim que um aluno sai da escola e parte para a vida, uma névoa de lembranças espalha uma cor nova naquilo que ficou para trás. O som do sinal da escola é melodioso como nunca foi nos seis anos em que estudou lá* (LEACOCK, S. Memories and Miseries as a School Master).

As nossas reflexões sobre as lembranças da escola surgem de uma série de histórias de vida dos professores preparadas numa sequência de visitas e reuniões de pesquisa nos últimos seis anos. Cada projeto usou entrevistas intensivas com os professores sobre a sua vida profissional como fonte principal de dados.

Para Goodson, o incidente crítico aconteceu no meio de uma das entrevistas com uma professora que ele veio a conhecer bem. A fita cassete tinha acabado e ele estava inserindo uma fita nova. Em termos gerais, a lembrança dela sobre o ensino escolar parecia "rósea". Agora aposentada, ela se lembrava de uma vida profissional feliz e harmoniosa. Depois de trocar a fita, Goodson a provocou com frases como: "poxa, tudo parece ótimo, eu gostaria que a minha vida tivesse sido tão agradável quanto a sua!" De repente o rosto dela mudou:

> Olha, o magistério é um trabalho horrível, cansativo, exaustivo... Você erra com a maioria dos alunos e a maioria dos alunos é reprovada... Por que eu falaria sobre isso...

O seu desabafo, que foi seguido de outras entrevistas gravadas relatando a sua vida gratificante no magistério, repetiu-se várias vezes. Esse caso em especial acontece com muitos professores aposentados, que falam de forma similar sobre a sua vida profissional. Os alunos também tendem a se recordar das suas experiências de educação de modo parecido.

Lembranças da escola técnica

Em nosso projeto mais recente, nós nos restringimos às reminiscências de professores aposentados e ex-alunos de uma escola, uma escola técnica pioneira fundada em 1916. Assim reduzimos o número de variáveis e podemos começar a traçar a emergência e manutenção de uma "memória" da escola que seja processada e construída coletiva e socialmente. Ben-Peretz resume algumas das características das estórias de vida de professores aposentados:

> A reflexão dos professores aposentados sobre a prática, porém, não é orientada por decisões, tampouco busca soluções defensáveis para situações problemáticas presentes e futuras. As reflexões são orientadas a conclusões de uma forma altamente pessoal e servem como um resumo dos *insights* profissionais obtidos com o passar do tempo. Os eventos documentados dos professores em exercício geralmente são abertos, não didáticos, e são orientados por decisões. Os professores aposentados pare-

cem ansiosos para partilhar suas conclusões e *insights* com os outros. Essa característica das estórias profissionais dos professores aposentados reflete a noção de Elbaz de uma "comunidade de ouvintes" que o narrador reconhece e com quem se relaciona (BEN-PERETZ, 1991, p. 17-18).

A nossa lembrança da "exclamação de dissidência", contudo, nos deixa insatisfeitos com qualquer julgamento monolítico, seja sobre estórias de professores aposentados ou de ex-alunos. Quando são parecidas, acreditamos que o motivo seja uma construção, negociação e reconstrução *coletivas* ao longo do tempo. Por que então tantos relatos de coortes idênticas na mesma escola seriam tão parecidos? Na América do Norte, a escola é um dos últimos espaços públicos de socialização e coletivização. Aqui sobretudo acreditamos que as memórias *coletivas* são construídas.

Porém, em nossas entrevistas, embora uma memória coletiva amplamente aceita possa ser rapidamente extraída, um segundo tipo de memória existe nas margens. Nas suas notas de pesquisa, Anstead reflete sobre essas duas respostas de ex-alunos da escola técnica, nossa instituição secundária que foi estudo de caso. Um tipo de entrevista é aquele que caracteriza a escola como experiência feliz.

Nestas entrevistas, o sujeito permanece no tópico, responde às perguntas de forma útil e fornece muitas informações que agregam à nossa reconstrução gradual da escola técnica. Nesse tipo de entrevista, a experiência escolar é apresentada invariavelmente em tons róseos. É frequente a comparação com o atual sistema de educação, que é alvo de muitos comentários negativos. Estes são os temas principais desse tipo de interpretação: os alunos eram disciplinados e respeitavam os professores; todos os professores – sem exceção – eram bons e muitos iam além da sua obrigação; e todos os alunos, não importa a origem socioeconômica, eram tratados com igualdade. A visão positiva dos seus dias na escola provavelmente resulta em parte do processo seletivo; aqueles que mais gostaram ou valorizaram a sua experiência na escola eram os mais prováveis de atender ao nosso anúncio. Todavia, eu não gostaria de desprezar o positivo de imediato; é provável que haja alguma verdade por trás dos clichês.

Mas outro tipo de lembrança também pode ser extraído entre a minoria dos ex-membros da escola.

> Alguns ex-alunos apresentam opiniões mais críticas ou analíticas sobre o seu passado. Duas das entrevistas ocorreram na semana passada. Esses alunos ainda preservam uma visão em geral positiva da escola técnica e descrevem os seus dias na escola como "os melhores momentos". Mas também dizem que certos professores não eram muito bons (ou até desequilibrados em certo caso). Apontam alguns tipos de discriminação na escola ou da parte de pessoas de fora descrevendo a escola.

A memória mais comum da escola em geral tem um viés ensaiado, como se o falante soubesse que está contando algo que você espera ouvir. Poderia ser uma "memória escolar coletiva" que os integrantes da escola viam como socializadas e que se comprometeram a reproduzir nos seus discursos diários e reminiscências compartilhadas subsequentes.

A noção de Becker de hierarquia da credibilidade explica parcialmente como a "realidade" da escola é produzida pelos participantes, sendo que aqueles que detêm o poder exercem uma influência desproporcional sobre a definição da realidade. A memória coletiva, "o que todo mundo sabe" sobre a escola, é em parte um testemunho do poder dos "definidores críticos da realidade" dentro da comunidade escolar:

> Podemos usar a noção de uma "hierarquia da credibilidade" para entender esse fenômeno. Em qual-

quer sistema de grupos classificados os participantes acham normal que membros do alto escalão tenham o direito de definir o modo de ser das coisas. Em qualquer organização, não importa o que o resto do organograma mostre, as setas indicando o fluxo da informação apontam para cima, demonstrando (ao menos formalmente) que aqueles no topo têm acesso a uma fotografia mais completa do que está acontecendo. Os membros dos grupos inferiores terão informações incompletas e a sua visão de realidade será parcial e distorcida como consequência. Portanto, do ponto de vista de um participante bem socializado no sistema, qualquer coisa contada por aqueles no topo intrinsecamente merece ser considerada o relato mais confiável que pode ser obtido a respeito do funcionamento da organização. E já que, como Summer aponta, questões de hierarquia e *status* estão contidas nas convenções, essa crença tem uma qualidade moral. Se formos membros adequados do grupo, estaremos moralmente obrigados a aceitar a definição imposta à realidade por um grupo superior em preferência às definições adotadas pelos subordinados. (Por analogia, o mesmo argumento se sustenta para as classes sociais de uma comunidade.) Logo, a credibilidade e o direito de ser ouvido são distribuídos de forma distinta entre os níveis do sistema (BECKER, 1970, p. 126-128).

Portanto,

a hierarquia da credibilidade é uma característica da sociedade cuja existência não podemos negar, ainda que discordemos da sua diretiva para a crença no homem que ocupa o topo. Quando somos suficientemente empáticos com os subordinados a ponto de ver as coisas da perspectiva deles, sabemos que ficamos contra o que "todo mundo sabe". Saber isso nos faz parar e compartilhar, embora brevemente, a dúvida dos nossos colegas (BECKER, 1970, p. 129).

Assim como os definidores críticos da realidade têm o poder de estabelecer uma memória coletiva, a qualidade ensaiada das memórias escolares "tradicionais" é em parte uma resposta à situação da entrevista. Os entrevistados normalmente tentam prover um relato coerente com base nas suas estórias antes da entrevista – o modo pelo qual contaram as estórias da sua vida a si mesmos e a ouvintes anteriores.

> [...] o sujeito tenta criar uma estória consistente e coerente em benefício do entrevistador – até chegando ao ponto de ensaiar antes da entrevista. De fato é estranho como às vezes os respondentes conseguem repetir mais ou menos com as mesmas palavras uma estória contada dois meses antes – como se tivessem ensaiado e memorizado um roteiro. Todas aquelas características que os psicólogos designaram como "características da demanda" são relevantes aqui. O respondente entra na situação, tenta perceber aonde o entrevistador quer chegar e responde de acordo (PLUMMER, 1983, p. 102).

Alguns dos componentes mais convencionais na versão de eventos "os dias na escola são os mais felizes" são o uso de avaliações positivas dos profissionais principais da estória: "um senhor muito bom", "um aluno ótimo". Tais lembranças róseas em geral iniciam uma entrevista quando o entrevistado "dá" ao entrevistador o retrato esperado e assim começa a explorar a relação com o entrevistador. Por exemplo:

> Eu na verdade não tenho tanto para contar além de ter ido lá e era a escola técnica. Era o único nome que as pessoas chamavam naquele tempo. Sabe, você vai para a escola técnica. Era... acho que era nosso professor, era um Sr. Oates. O-a-t-e-s. Ele ensinava taquigrafia e redação. Era um escritor maravilhoso. Puxa, você tinha que ver o que ele escrevia no quadro, era ótimo. E o Sr. Squire era nosso professor de Datilografia e era incrível. Era uma sala

cheia de meninas, tinha um menino também, eu acho. Mas, de qualquer maneira, você entrava às 13:30h e ouvia clique-clique-clique-clique-clique. Todo mundo lá e ele era muito bom, e nós datilografávamos e o som parecia música (Entrevista com Margaret Allison, 20 de fevereiro de 1992, p. 1).

Ou veja a seguinte declaração introdutória de dois ex-alunos da "escola técnica", Nora Carter e Glen Pruss.

NC: Até onde lembro... Comecei... Entrei no jardim de infância em 1928 e depois na escola pública, acho que em 1929, e fiquei na Beck por dois anos e depois fui para Artes Especiais na Beal Tech. E naquela época a Sra. Maudie Cryderman, já ouviu falar? Ser humano maravilhoso, eu achava que ela era a melhor coisa que existia e ela era artista plástica. E tínhamos uma aula muito boa, não me lembro de muitos nomes daquele tempo, já faz muito tempo. E ela era a minha professora principal, regente da turma durante os anos em que estudei lá, e é claro que estudei em outros cursos, como costura, desenho e assuntos de belas-artes. E o Sr. Robertson era diretor da escola, um senhor muito bom.

GP: Ele era o lado técnico.

NC: Era, e eu não consigo me lembrar do nome dele. O Sr. Beal não estava lá?

GP: Não, não.

NC: Ele estava quando estudei lá, tenho certeza.

GP: Quando entrei lá era Robertson e nunca entrei na parte comercial, eu acho.

NC: Não me lembro.

CA: Bem, temos tudo isso registrado, então podemos descobrir.

NC: E acho que era uma escola maravilhosa daquela época. Certamente não sei como é agora, claro que tudo mudou. Certa vez voltei para um reencontro e a escola tinha sido reformada, caminhei por corredores que não conhecia bem. E não vi ninguém conhecido. Isso foi, foi depois que voltei da Inglaterra, depois da guerra. Provavelmente no início da década de 1950 é que fui ao reencontro. Como falei, não vi ninguém conhecido ou alguém que despertasse lembranças. E os detalhes, os tipos de detalhes que você quer talvez venham nas perguntas que você fizer. E, como disse, ele sabe, ele era um ótimo aluno e nunca faltava, ganhava medalhas ou algo assim. Então talvez ele seja mais interessante do que eu para conversar.

Nessas primeiras trocas, a escola é "uma escola maravilhosa" sem problemas. Depois, porém, os dois entrevistados começaram a conversar e provocar uma memória bem mais complexa da escola. Podemos chamar isso de "memória dissidente" em que a "verdade" começa a se desviar da versão de eventos convencionalmente aceita, elaborada e normalmente recontada.

NC: Qual era o nome do professor que ensinava inglês e era viciado em aspirina? Estávamos falando sobre ele. E ele ensinava, nós estudamos inglês.

GP: É.

NC: Eu fiz as aulas exigidas. Ele era da escola técnica.

GP: Sim.

NC: MacIntyre?

GP: Não, eu estava pensando nele ontem à noite.

CA: Qual era o problema dele?

NC: Era um homem muito nervoso, e era um professor maravilhoso, eu até gostava de Shakespeare por causa dele e, como meu filho depois se tornou um ator shakespeariano, precisei aprender um pouco mais. Mas fizemos *A megera domada* e *O mercador de Veneza*. E ele nos fazia representar e ele... Mas ele corria para cima e para baixo nas coxias e era muito dramático. E era muito nervoso e mandou meu irmão ou um de nós ir à farmácia na esquina, era um Sr. Allen, na esquina da Maitland, não era?

GP: Não, Colburne, não Waterloo...

NC: Não, não. Maitland? William, não?

GP: Rua William.

NC: Tinha uma farmácia bem na esquina, eu me lembro bem, com aquelas janelas arredondadas, a porta, um tipo muito sofisticado de porta vitoriana que abria para dentro. E ele nos mandava lá para comprar aspirina. E ele tomava, jogava algumas na mão e acho que mastigava.

GP: Sr. McFadden.

NC: McFadden. *Nossa*, ele era um professor de Inglês maravilhoso. Ele realmente desafiava você e despertava o seu melhor. E todos pareciam gostar dele. Acho que a gente gostava dele porque era como ir ao teatro.

CA: [rindo] Existia algum professor que não fosse tão bom e que tinha...?

NC: Ah, aquele que [rindo] eu não conhecia porque ele era da parte comercial, mas que tinha a aula das expulsões, era um verdadeiro... *Ah*, ele era, bem...

CA: Era o Walker?

NC: Martinet, sabe, um louro alto.

GP: Eu me lembro dos Fallonas. Sr. Fallona e a irmã.

NC: Sim.

GP: Eram italianos. Eram outra coisa.

CA: Como assim?

GP: Eles, você marchava no ritmo deles, não ia para a esquerda quando tinha que ir para a direita. Não dava, e depois tinha um Sr. O'Donell. De Dublin.

NC: Irlandês até a alma.

GP: E ensinava francês.

NC: [rindo]

GP: Eu tinha uma licença, então me mandaram, iam me mandar, mas não dava para entender quando ele falava o inglês culto, ainda mais irlandês. Então ele e eu discutimos um dia, ele me colocou no corredor e eu pensei: "Não vou aguentar", então subi a escada direto para a sala do diretor. E aí esse Sr. O'Donell estava olhando da porta, o diretor o chamou para entrar e ele disse: "O Sr. Pruss não ficará mais na sua aula".

[Risos]

GP: Ele disse: "Qual é o problema?" Eu respondi: "Não dá para entender o homem quando ele fala o inglês culto, então como é que vamos entender um irlandês de Dublin ensinando francês?"

[Risos]

GP: Eu falei: "Parece um negócio de outro país estrangeiro". Falei: "Eu não me dou com ele, você me deixa lá, por que eu vou ter problemas com ele o tempo todo?" Então os outros, eles aderiram, então vários outros saíam da aula fazendo a mesma coisa. Discutiam com ele e saíam.

NC: O que o Sr. Thomas, Thomas "Trombone", ensinava?

GP: Ele dava aula de laboratório. E a gente sabia que tinha um dedo-duro na turma. Aí nesse dia teve gente que entrou mais cedo, pegou um pouco de fósforo da água e colocou na carteira desse aluno [risos]. A gente chamava de "Trombone" porque tocava trombone na orquestra.

NC: Ele era professor?

GP: Era, e ele [rindo] chegou assobiando e aquele aluno estava sentado lá e de repente começou a sair fumaça da carteira dele. Aí ele tirou o aluno da sala e o castigou. Mas fizemos isso porque esse aluno estava dedurando a gente.

NC: Vocês sabiam que ele era o...?

GP: Sim, descobrimos que ele estava contando, chegávamos antes do Sr. Thomas e, se acontecesse alguma coisa, esse aluno contava para ele depois. Pensamos "você vai ver só..."

CA: Você conseguia se safar em muitas dessas situações-limite?

NC: O clima era mais suave [rindo], o Sr. Adam Beck, pode acreditar. Mas a gente costumava fumar na sala dos aquecedores. Naquela época, as meninas estavam começando a fumar, esse tipo de coisa. E o

> responsável pela sala, ele era *muito* compreensivo, às vezes deixava a gente fumar lá.
>
> **CA:** E os professores simplesmente fingiam que não sabiam?
>
> **NC:** Não, se eles pegassem, você teria problemas. É claro que era proibido fumar até no pátio. Mas foram anos bons e me lembro com muita nostalgia. Eu só queria ter prestado mais atenção naquela época.

Curiosamente, em várias das nossas entrevistas, o falante entrava devagar nas opiniões mais dissidentes e críticas. Muitas vezes parece que eles vão tateando o caminho até essas opiniões, gradualmente ganhando confiança em si mesmos (e talvez nos entrevistadores). Inicialmente adotam as visões positivas que foram construídas e reafirmadas coletivamente, mas, à medida que acertam o passo, a sua experiência e voz individuais assumem o controle. Fred Mitchell é um bom exemplo desse processo em ação:

> **FM:** Eu poderia falar um pouco sobre alguns, Guy Markham era o meu favorito. Ele me deu aula de inglês no primeiro ano e história no segundo. Acho que inglês de novo no terceiro. Era uma figura, era exemplo, era britânico e tinha servido no Exército do Canadá na Primeira Guerra Mundial na cavalaria, Quinta Cavalaria e, se você conversasse com ele, ele contava um pouco sobre isso, mas era um homem muito sincero. Ele não tinha, não saía do assunto como outros, assim como outros saíam – não dava para desviá-lo do que queria falar, mas ele debochava muito do inglês. Eu me lembro dele, principalmente quando a gente estava estudando *The Highwayman*... mas era um homem muito digno, mas ele corria para o corredor e batia na porta quando "o bandoleiro vinha cavalgando até a velha porta da taverna" e depois entrava correndo e recitava o poema. E estávamos estudando Shakespeare, e os colegas ficavam de pé na entrada com varas cercando a sala e ele dizia o que eles estavam fazendo

errado. Isso dava muito certo e, apesar de ele não ser o tipo que pensavam, ele prendia a atenção dos alunos e a gente aproveitava muito. Diferente, mas muito eficiente, era Ben Scott, que ensinava História e Inglês. Ele era mais simples e mais inclinado a dizer quais eram as manchetes do jornal da manhã, porque era fera em atualidades, não se importava em gastar 10 ou 15min para falar sobre alguma notícia, falando o que pensava, o cenário, e querendo saber o que a gente achava. Ele sempre ia até a metade, você começava alguma coisa e depois ele saía. E todo mundo sabia que ele descia para a sala dos aquecedores para fumar cachimbo, depois voltava cheirando forte a tabaco, e os alunos riam dele, e ele não admitia o que tinha feito. Um professor eficiente e mais do que um amigo para os alunos do que o Guy Markham, apesar de os dois serem professores muito bons. Se um aluno tivesse algum problema, poderia ir conversar com Benny Scott. Um dos melhores professores que tive lá, o melhor para expor a matéria era Sanderson. Professor de Matemática. As aulas de matemática eram diferentes daquelas do colegiado. Tínhamos um livro, acho que o nome era *Mathematics for Technical Schools*, e era mais conectado às nossas necessidades futuras no comércio. E também era uma mistura de matemática, acho que a gente não tinha uma matéria como as do colegiado, geometria, trigonometria e álgebra. Era mais combinado, como parte do ano você estudava álgebra, depois mudava. E depois tínhamos trigonometria, muitos dos problemas na verdade eram problemas de pesquisas e coisas parecidas. Não acho que atingimos o nível do colegiado em nenhum deles. Depois eu tive que, eu fui... porque eu desisti na metade do meu quarto ano, precisei voltar, depois, quando estava na Marinha, eu estudei parte de matemática no curso por correspondência e consegui terminar a décima segunda série assim. É claro que era o quarto ano. Os professores de Desenho eram

Bessant em Mecânica nos últimos anos, Moodie deu aula na nona série, primeiro ano. Eu não participei, eu estava em matemática e tive Brown, que também foi meu professor de Desenho Arquitetônico no primeiro ano. Então os dois que tive foram Bessant em desenho mecânico e Brown em desenho arquitetônico. Eram homens baixinhos, mais ou menos 1,65m, gordos, Bessant era uma pessoa mais alegre do que Brown. Os dois eram benquistos, eram severos, mas não exageravam. Bessant sabia muito a própria matéria e todos nós gostávamos dele. Brown era mais sereno, bom na área dele, nunca fui próximo a ele como era de Bessant. Mas ele era legal. Uma das suas esquisitices era... Em frente tinha uma funerária e, sempre que acontecia um funeral, quando o caixão estava saindo, ele ia até a janela, com as mãos para trás, ficava na ponta dos pés e assistia ao caixão sair. Não sei, ele fazia isso todos os dias porque sempre tinha um funeral. A matéria... os dois apresentavam bem a matéria e eu tive uma base muito boa em desenho graças a eles.

Depois Mitchell falou de lembranças sobre um professor específico:

Ele era um intimidador e acho que ele estava errado, a personalidade dele era distorcida, digamos assim. Começava todas as aulas batendo com uma régua na primeira carteira porque estava no laboratório de física, e era assim a sua aula do início ao fim, com uma voz histérica. E ele não aceitava piadas, brincadeiras nem risos na aula. Ensinava muito bem, porque você tinha medo dele literalmente, porque ele dava uns tapas na cabeça dos alunos e coisas assim. Eu o vi derrubando alunos do banco. Mas não expulsava os alunos, ele resolvia sozinho na aula, eu não gostava, ninguém gostava dele. Acho que ele ensinava, acho que a gente aprendia a matéria não porque ele transmitia com educação. Ele era grosseiro e intimidador.

Memória coletiva, memória dissidente

As entrevistas com Nora e Glen e com Fred Mitchell captam numa justaposição fascinante a existência tanto da "memória coletiva" da maioria quanto de uma "memória dissidente" mais iconoclasta. Vale a pena especular por que essas duas memórias muitas vezes existem ao mesmo tempo, mas somente são reveladas e expostas vagarosamente.

Achamos importante pontuar que as escolas são montadas como espaços públicos de socialização e coletivização. A socialização acontece através do trabalho diário nas salas de aula e salas dos professores. As escolas constroem deliberadamente como parte da sua rotina "memórias coletivas", e os próprios professores e alunos são socializados nessas memórias através da sua vida escolar. A memória coletiva socializa o "eu situado" do professor e do aluno na escola. Para o professor, a memória coletiva dominante, então, faz parte do conhecimento situado do local de trabalho, parte do eu situado.

A construção institucional da memória coletiva tenta revestir a memória dos indivíduos de uma metanarrativa de realidades e imagens seletivas.

> A noção de lembrança e esquecimento institucional não é simplesmente uma referência ao fato de que as organizações sociais geram registros na forma de atas, arquivos e auditorias financeiras, mas também se refere à manipulação em larga escala do que deve ou pode ser lembrado – lembranças e esquecimentos socialmente organizados (MIDDLETON; EDWARDS, 1990, p. 10).

As escolas são mestras passadas dessa construção de memória coletiva.

> A recitação matutina do juramento à bandeira nas escolas americanas exemplifica tanto a natureza coletiva e comemorativa da fundação social quan-

to o contexto da memória individual. O uníssono das vozes propicia um ambiente de apresentação realizada coletivamente com o qual o novato pode fechar quaisquer lacunas de incompetência individual. Ao mesmo tempo, cada nova apresentação consolida a autoridade dessa prática comemorativa, e a autoridade daqueles que obrigam a apresentação das crianças. Porém, até os catecismos e as cerimônias de comemoração ritual são produtos de conversa e argumentação, já que as pessoas discutiram qual a melhor forma de comemorar um evento, o que precisamente precisa ser dito e feito e como pode ser realizado em cada ocasião (MIDDLETON; EDWARDS, 1990, p. 8-9).

Mas poucos sociólogos ou psicólogos aceitariam a visão de que o "eu situado" compreende o eu total. Existe muita literatura afirmando que para os professores, e também para os outros, há um "eu substancial" que precede o envolvimento no ensino e que vem à tona claramente quando o ensino acaba.

O eu substancial e os valores que incorpora são socialmente condicionados, especialmente por pessoas importantes e grupos sociais antigos e poderosos ("outros generalizados"). As pressuposições que aprendemos a fazer sobre nós mesmos e os nossos mundos se tornam incorporadas em perspectivas generalizadas, e a correção e precisão delas por sua vez são confirmadas pelo contato com pessoas com perspectivas similares ("grupos de referência"). Então, quando entramos no mundo profissional (ou qualquer arena nova parecida), nós nos abrimos a um conflito potencial – entre crenças e valores construídos em nossos primeiros anos e sustentados por pessoas importantes e outros generalizados e aqueles exemplificados pelas pessoas com quem interagimos todos os dias (NIAS, 1989, p. 43).

Nas memórias de pessoas mais velhas, ex-alunos idosos ou professores aposentados, poderíamos afirmar que o eu substancial reemerge com força para patrocinar e acionar a "memória dissidente".

> Aquela parte do eu que é relativamente livre de restrições sociais: é impulsiva e capaz de inventar novas ideias ou significados não enviados pelo "outro". É aquele núcleo mais privado de experiência interior que tem um grau de autonomia... O "eu" não pode ser nada além de conformista... [mas quando percebemos] que de certa forma agimos contra o "grão da sociedade", tal percepção é a consciência do "eu" e suas capacidades (Open University: Introduction to Sociology Course Team, D207 (1981). *Self in Social Context*. Milton Keynes: Open University, apud NIAS, 1989, p. 23).

Emerge o antigo conflito entre a memória coletiva escolar dizer às pessoas o que "todo mundo sabe" e as experiências privadas que constantemente expõem contradições e ambiguidades. Na atmosfera situada e coletivizada da escola, essas disjunções ficam suspensas. (Nesse ponto temos uma versão possivelmente diferente do eu – o eu *suspenso*). Após a aposentadoria, essa suspensão da ambiguidade e contradição deixa de ser uma necessidade diária. As memórias coletivas e dissidentes às vezes podem ser discernidas lado a lado.

Portanto, o grande valor das memórias escolares é permitir que reemerja a tensão suprimida entre "o que todo mundo sabe" sobre educação e o que as pessoas de fato vivenciaram. O preço de viver e trabalhar numa instituição em geral é precisarmos suprimir as nossas próprias definições da situação a favor das funções do empreendimento coletivo maior. O desenvolvimento de histórias de vida se pauta nessa tensão entre definições oficiais e funcionalistas formais do que todo mundo sabe, a memória coletiva, e a definição interior, a memória dissidente.

Na história de vida adequada, devemos sempre ter em mente a situação que é definida tanto pelos outros quanto pelo assunto. Essa história não apenas definirá as duas versões da situação, como também permitirá que vejamos claramente a pressão da situação formal e a força da definição interior privada da situação. Uma das necessidades mais agudas na teoria cultural é especificar a série de situações através das quais o organismo comum na cultura deve vir. Essa especificação provavelmente acabará sendo uma visão mais específica dos padrões culturais, uma visão da cultura realmente experimentada pelos membros emergentes do grupo.

> O erro usual a respeito desse critério é contar apenas com a situação social formal e supervalorizá-la com a pressuposição de que todas as pessoas entram na situação definida formalmente com a mesma experiência e a definem da mesma forma. Somente pessoas "normais" conseguem fazer isso. O erro de supervalorizar a situação existente é o erro sociológico por excelência (DOLLARD, 1949, p. 32-33).

Esperamos que, ao buscarmos histórias de vida e memórias amplamente concebidas dos professores, possamos evitar o erro sociológico por excelência e passar para uma situação em que as memórias do professor sejam localizadas e valorizadas sociologicamente. O que está claro é que por muito tempo os estudiosos têm montado relatos detalhados de escolas sem consultar as pessoas que passaram uma vida inteira no centro da ação.

Referências

BECKER, H.S. (1970). *Sociological work: method and substance*, Chicago: Aldine, p. 126-129.

BEN-PERETZ, M. (1991). *Scenes from the past: retired teachers remember*. Trabalho apresentado na 5ª Conferência Isatt, University of Surrey, Guilford [set.].

DOLLARD, J. (1949). *Criteria for the life history with analyses of six notable documents.* Peter Smith.

MIDDLETON, D.; EDWARDS, D. (eds.) (1990). *Collective remembering.* Londres/Nova Delhi: Newbury Park/Sage.

NIAS, J. (1989). *Primary teachers talking: A study of teaching as work.* Londres/Nova York: Routledge.

PLUMMER, K. (1983). *Documents of life: An introduction to the problems and literature of a humanistic method.* Londres: George Allen & Unwin.

8
Nostalgia em narrativas de professores técnicos como forma de entender respostas a mudanças

I.F. Goodson
M. Ümarik

Resumo

O foco deste trabalho é na nostalgia presente em narrativas de professores técnicos. O objetivo é entender a função da nostalgia como mecanismo de adaptação ou resistência às mudanças educacionais. O trabalho baseia-se na análise secundária de entrevistas semiestruturadas com 30 professores técnicos estonianos. Nas narrativas dos professores, a nostalgia pelo antigo sistema de educação técnica, que permitia maior autonomia e autoridade no trabalho dos professores, foi sobreposta pela nostalgia por uma sociedade com padrões mais estáveis de família, trabalho e atitudes confiáveis direcionadas aos professores técnicos. Embora existissem exemplos em que as narrativas nostálgicas foram usadas estrategicamente para legitimar a resistência às mudanças, na maioria dos casos a nostalgia tende a servir como o mecanismo que permite entender as mudanças educacionais enfrentadas pelos professores. A nostalgia também contribui para o entendimento de si mesmo enquanto professor numa situação nova e construção de identidade coletiva. No trabalho afirma-se que devemos reconhecer as funções positivas da nostalgia e gerar mecanismos de apoio para facilitar o entendimento e a reflexão crítica sobre as mudanças para os professores. A nostalgia deve ser reconhecida como uma força produtiva que indica as contradições nas atuais reformas e práticas e inaugura direções novas.

Introdução

Ao estudar a reforma em âmbito mundial é comum encontrarmos declarações de que muitas das políticas de reforma introduzidas não foram implementadas conforme o planejado ou não alcançaram os efeitos pretendidos a longo prazo (BALL; MAGUIRE; BRAUN, 2012; HARGREAVES; GOODSON, 2006; WALLACE, 2003). "Tendências mundiais" similares na educação costumam apresentar resultados diferentes em âmbito nacional ou pessoal, ultrapassando múltiplos pontos de refração (GOODSON; RUDD, 2017). Em nosso projeto de pesquisa atual – um estudo de seis anos sobre os padrões de mudança do profissionalismo dos professores – fomos alertados para a função da nostalgia como uma condutora de respostas às mudanças impostas. O objetivo deste trabalho é entender a função da nostalgia como mecanismo que permite entender ou resistir às mudanças educacionais, visível nas narrativas de professores técnicos estonianos, considerando o movimento de reforma da educação mundial, chamado de Germ (SAHLBERG, 2010). Como narrativa de regressão, a nostalgia serve como ferramenta para a reflexão crítica sobre cenários alternativos para o futuro.

A nostalgia entre os professores pode ser usada como ferramenta para analisar as mudanças educacionais vividas e sentidas pelos professores (GOODSON; MOORE; HARGREAVES, 2006, p. 43). O conceito de nostalgia tem sido discutido tanto no contexto de nostalgia entre professores como mecanismo de resistência às mudanças educacionais quanto nostalgia pelo passado nos países pós-soviéticos do Leste Europeu. A nostalgia, apesar de gerar uma imagem de passado perfeito, de fato nos fala sobre a insatisfação sentida com as condições atuais (VELIKONJA, 2009).

Na Estônia, duas transformações radicais ocorreram nos últimos 25 anos: primeiro, a transição social de uma sociedade deliberadamente socialista para um sistema democrático; segundo, o colapso do antigo sistema soviético de educação e treinamento técnico (VET) e a construção de um sistema VET baseado na escola. Os professores técnicos precisam responder a muitos novos desafios e exigências na sua função profissional que podem causar resistência entre alguns professores, especialmente professores técnicos experientes enfrentando fortes contradições entre as expectativas direcionadas ao seu trabalho e suas próprias crenças pedagógicas (ÜMARIK, 2015).

Este trabalho se pauta na análise secundária de entrevistas semiestruturadas com 30 professores técnicos conduzidas em 2013-2015. As principais perguntas apresentadas neste trabalho são: Como a nostalgia se reflete nas narrativas de professores técnicos? Como temas nostálgicos são usados na resistência e adaptação às mudanças educacionais? Qual é a potencial função da nostalgia como contranarrativa crítica em resposta ao Germ?

O foco na nostalgia entre os professores nos permite entender melhor como e por que as mudanças educacionais muitas vezes foram alvo de resistência para alguns grupos de professores, como a nostalgia serve como mecanismo para entender as mudanças e como a refração (GOODSON: RUDD, 2017) opera no âmbito de indivíduos, escolas ou grupos profissionais. Argumentamos que certos mecanismos de apoio devem ser construídos para facilitar o entendimento e a reflexão crítica sobre as mudanças para os professores. Isso reduziria o risco de consequências inesperadas por ignorarmos as respostas dos professores às mudanças. Esse foi um fenômeno mundial nas recentes iniciativas de reestruturação e pode propiciar uma nova linha de investigação para a explicação do sucesso limitado de reformas educacionais. A nostalgia, ao conectar passado e presente, oferece uma ferramenta para a reflexão crítica e um potencial para redirecionamentos nos atuais processos de reforma do VET estoniano.

O conceito de nostalgia

O conceito de nostalgia é evidenciado brilhantemente no trabalho de Svetlana Alexievich, na Rússia. Ela argumenta que o *homo sovieticus* ainda é visível, já que antigos territórios soviéticos "egressos do socialismo são iguais e diferentes do resto da humanidade – temos o nosso léxico, nossos próprios conceitos de bem e mal, nossos heróis e mártires" (ALEXIEVICH, 2016, p. 23). Ela afirma: "Agora que o mundo se transformou irreversivelmente, todos de repente se interessaram em nossa vida antiga... como ela existia na alma de alguém" (p. 24). Se de fato a nostalgia existe na alma de alguém, ela não é facilmente manipulada pela retórica da reforma ou por mudanças em narrativas sistêmicas mais amplas.

Recentemente a nostalgia foi alvo de muita discussão, especialmente no contexto de uma nostalgia pelos legados soviéticos nos países pós-soviéticos (ex.: BOYM, 2001; VELIKONJA, 2009; NIKOLAYENKO, 2008 e outros), mas também no contexto de mudanças organizacionais (ex.: BROWN; HUMPHREYS, 2002) e entre professores (ex.: GOODSON et al., 2006; HARGREAVES; MOORE, 2005; ZEMBYLAS, 2011). Por definição, a nostalgia envolve um olhar para trás, para um tempo e lugar que não existem mais (BOYM, 2001).

A nostalgia muitas vezes é vista como um mecanismo psicológico que ajuda a sustentar a integridade da personalidade (AMOSAVA, s.d.). Ao eliminar a dor relativa ao passado, ela o apresenta numa versão harmoniosa. Apresenta uma memória positiva do passado para onde não é possível retornar ou para onde as pessoas em geral não desejam retornar na realidade. De certo modo, a nostalgia tende a nos dizer mais sobre o presente do que o passado. Assim, podemos considerar a nostalgia um indicador de dificuldades socioeconômicas – quanto mais sistemas antigos são abalados, maiores os anseios por tempos estáveis e seguros (VELIKONJA, 2009).

A nostalgia não somente tende a se limitar ao âmbito individual, ela tem um caráter coletivo e contribui para a construção da identidade do grupo. Porém, narrativas nostálgicas também podem ser feitas por quem não tem uma experiência direta com o período, regime ou cultura que forma a base para os sentimentos nostálgicos (VELIKONJA, 2009). Essa nostalgia "indireta", narrativas nostálgicas "roubadas" (VELIKONJA, 2009) ou "nostalgia diletante" (AMOSAVA, s.d.) podem ser tão fortes quanto a nostalgia "autêntica". Podemos testemunhar pessoas que nem sequer nasceram na era soviética também envolvidas na reconstrução de narrativas nostálgicas soviéticas.

Nostalgia e memória são similares em várias maneiras. Ambas se relacionam ao passado, demonstram dimensões emocionais e cognitivas e influenciam o modo pelo qual percebemos o agora ou nos comportamos no presente (HARGREAVES; MOORE, 2005, p. 133). Entretanto, a memória social é sempre seletiva e contextual. Por exemplo, ao evocar a imagem de "tempos soviéticos dourados", as pessoas não estão negando a corrupção, as filas e a carência de produtos, e sim enfatizando outros aspectos, como a boa oferta de empregos ou a assistência médica universal. Ao destacar alguns aspectos e ocultar outros, a nostalgia deixa de prover conhecimento histórico, promovendo uma versão idealizada do passado. Contudo, Zembylas (2014; 2011) está entre um grupo de autores que problematizam a visão exclusivamente negativa da nostalgia como uma versão distorcida do passado e que tenta restaurar um passado idealizado, mas também propõem a necessidade de abrir as dimensões positivas da nostalgia.

Boym (2001) faz uma distinção relevante entre nostalgia restaurativa e reflexiva. A nostalgia restaurativa enfatiza a reconstrução do "lar perdido" ou uma saudade de um passado irreversível, em geral envolvendo um desejo utópico de trazê-lo de volta (VELIKONJA, 2009). A nostalgia reflexiva, por outro lado, reside na perda, sendo orientada por uma consciência de que o passado não pode ser restaurado. Esse tipo de nostalgia deve ser visto como uma reflexão crítica sobre a identidade e o entendimento da vida. Zembylas (2011; 2014), alinhado a Boym, argumenta que a nostalgia não deve ser vista como fenômeno monolítico. Ao contrário, deve-se considerar que há múltiplas formas em que as pessoas (ou professores, neste caso) estão envolvidas para produzir narrativas da nostalgia.

A nostalgia também se relaciona enfaticamente à construção da identidade. De acordo com Brown e Humphreys (2002, p. 152), narrativas nostálgicas podem ser tratadas como um esforço para manter o senso coletivo de continuidade social e histórica. A nostalgia contribui para a identificação de grupos individuais e resistência ao poder hegemônico, mas também provê apoio emocional em tempos de mudança e ansiedade. No contexto das reformas educacionais nas décadas recentes, a nostalgia entre os professores se tornou um objeto de estudo cada vez mais importante (GOODSON et al., 2006; HARGREAVES; MOORE, 2005; ZEMBYLAS, 2014 e outros).

Goodson et al. (2006) estudaram a nostalgia entre os professores evocada como resistência às mudanças educacionais. De acordo com eles, a nostalgia do professor deve ser considerada uma forma particular de memória coletiva. Eles detectaram dois tipos de nostalgia nas narrativas de professores na metade e no fim da carreira – nostalgia política e nostalgia social. Enquanto a nostalgia política se refere a memórias nostálgicas de *status*, poder e autonomia perdidos no trabalho, a nostalgia social se conecta a tempos da profissão em que se sentiam autorizados por pequenas comunidades escolares e emocionalmente ligados a alunos motivados. De acordo com os autores, a falha de muitas reformas educacionais em grande escala explica-se parcialmente pelo seu desprezo antinostálgico ou depreciação do passado (GOODSON et al., 2006, p. 56). As iniciativas de reforma escolar resultaram numa precipitação de aposentadorias precoces, desespero e desencanto entre grandes grupos de professores que são atenciosos, apaixonados e comprometidos com o próprio trabalho. Partindo da sua ideia de nostalgia como construção e reconstrução contínuas do significado de mudança para os professores na sua vida profissional, não devemos ver a sua nostalgia somente em termos negativos, mas vê-la como uma "nostalgia reflexiva" (BOYM, 2001). Podemos considerar as suas narrativas nostálgicas um método para tratar e modificar mudanças (educacionais) radicais (BROWN; HUMPHREYS, 2002), entendendo as mudanças e seus objetivos como profissionais. Como o entendimento das mudanças foi visto como um aspecto essencial na adoção de mudanças (SPILLANE; REISER; REIMER, 2002), a nostalgia deve ser reconhecida como uma força produtiva que abre uma reflexão crítica sobre o passado em relação ao presente e ao futuro (ZEMBYLAS, 2014), indicando as contradições em práticas atuais e inaugurando novas direções.

Concordamos com esses autores (ex.: BROWN; HUMPHREYS, 2002; ZEMBYLAS, 2014) no que se refere à nostalgia enquanto fenômeno que não merece ser desprezado e sim estudado, especialmente os mecanismos que explicam como a nostalgia realmente funciona na construção e sustentação das identidades coletivas, apoiando o entendimento no contexto de mudanças radicais e, ao mesmo tempo, funcionando como mecanismo de resistência às mudanças ao menos no âmbito das narrativas. A Estônia serve como um caso de país pós-soviético que enfrentou reformas radicais, inclusive reformas sistêmicas na educação (técnica). As narrativas de professores técnicos experientes fornecem dados proveitosos para analisarmos como a nostalgia foi usada para a construção de identidades profissionais e adaptação ou resistência às mudanças. Estudos anteriores (ex.: SIRK; LIIVIK; LOOGMA, 2016; REKKOR; ÜMARIK; LOOGMA, 2013 etc.) indicam que a adoção de mudanças foi desigual entre os professores técnicos estonianos, e os professores atribuíram significados diferentes às mesmas políticas de reforma que envolviam novas demandas ao seu trabalho. Talvez a questão teórica mais importante que levantamos aqui e que precise de mais elaboração no futuro seja a interação entre a nostalgia do professor e a refração das políticas de reformas educacionais (GOODSON; RUDD, 2017). Políticas de reforma educacional descendentes são refratadas em níveis diferentes ou passam por pontos diferentes de refração desde o nível nacional (ou até mundial) até os professores individuais. A refração pode se revelar e ser formatada pelas narrativas nostálgicas dos professores; em outras palavras, a análise da nostalgia nos permite entender como a refração acontece em âmbito individual ou escolar. De certo modo, a refração busca lidar com os pressupostos contraditórios que subjazem às mudanças educacionais. Originalmente, há muitos exemplos da "inversão da mudança". A mudança já foi vista como parte de uma narrativa progressiva. Agora é comum que mudança e regressão estejam conectadas através das experiências dos professores. As mudanças reduzem a confiança, a integridade e a autonomia profissional. Como a mudança causa regressão, sob certas condições podemos ver como a nostalgia potencialmente pode ser um dos poucos canais para a articulação da oposição a uma mudança regressiva, como aquela do Germ.

O contexto estoniano pós-soviético: mudança educacional e social radical

Desde que reconquistou a sua independência em 1991 após 50 anos de domínio soviético, a Estônia passou por uma série de profundas mudanças abrangendo todos os domínios da sociedade.

A transição do sistema econômico soviético, com muitos empregos e alto nível de seguridade social, para um sistema econômico e político liberal ocidental foi extremamente rápida. Na Estônia novamente independente, a educação geral foi uma das primeiras áreas da sociedade em que mudanças fundamentais se fizeram necessárias. A reforma estatal no VET somente começou na segunda metade da década de 1990 (ZELLOTH, 2003).

Desde o fim da década de 1990, o desenvolvimento e a implementação de muitas políticas de reformas paralelas com um efeito reestruturador sobre o sistema VET foram intensificados, incluindo o estabelecimento de um sistema de qualificação nacional e o desenvolvimento e a implementação de currículos nacionais baseados em padrões profissionais. Por motivos de eficiência e controle de qualidade, a gestão escolar VET foi descentralizada e a rede de escolas técnicas foi reorganizada, fundindo principalmente escolas técnicas pequenas com centros de treinamento regionais multifuncionais maiores (ÜMARIK, 2015). As políticas de reforma VET estonianas foram fortemente influenciadas por tendências europeias em treinamento técnico, com foco na qualidade do treinamento técnico e sua eficiência, atratividade, relevância, transparência e comparabilidade como principais prioridades (LOOGMA, 2016).

A regulamentação do magistério técnico começou em 1995, quando o Estatuto do Professor Técnico foi adotado, definindo o conteúdo do trabalho dos professores técnicos, apresentando as exigências educacionais e introduzindo o termo "professor técnico". Isso desmantelou a separação existente entre professores que ensinavam teoria e aqueles que ensinavam prática. Desde então, os professores técnicos foram responsáveis por preparar os alunos tanto na teoria quanto na prática. Ademais, introduziu-se a exigência de educação superior e autoaperfeiçoamento contínuo, tanto em pedagogia quanto na área ensinada, incluindo períodos de estágio. Desde então há cada vez mais tentativas de regulamentação e padronização do trabalho dos professores técnicos (SIRK et al., 2016).

As políticas de reformas educacionais técnicas estonianas introduzidas nas duas últimas décadas se aproximaram gradualmente da padronização. O Germ, também claramente visível na Estônia, está submetendo os professores à influência de duas tendências contraditórias: por um lado, a crescente padronização e responsabilização pelos resultados dos alunos e, por outro lado, a necessidade de apoiar a criatividade e a inovação no magistério. Como Hargreaves e Goodson (2006) argumentam que os professores em geral tendem a perceber os diversos processos de mudanças educacionais paralelas como algo entrelaçado, também é visível que os professores técnicos estonianos enfrentam dificuldades para distinguir as políticas de reforma que apresentam novas demandas ao seu trabalho (ÜMARIK, 2015, p. 50). Estudos anteriores indicam que professores técnicos com uma rede grande (*Critical Studies in Education*, 5) tendem a se adaptar às mudanças educacionais mais facilmente do que aqueles menos ativos em redes de cooperação (REKKOR et al., 2013; TAFEL-VIIA; LOOGMA; LASSUR; ROOSIPÕLD, 2012; VÄHÄSANTANEN; ETELÄPELTO, 2009 e outros). Por exemplo, os professores que se envolveram no desenvolvimento curricular dentro da estrutura dos projetos EU Phare[3] na década de 1990 ou são ativos em grupos de trabalho de desenvolvimento curricular nacional tendem a perceber as mudanças curriculares de modo mais positivo e experimentam a própria atuação no processo. Porém, os professores que permaneceram distantes desses processos ficaram mais insatisfeitos com as novas exigências, resistiram às mudanças curriculares e às vezes expressaram decepção com o seu trabalho enquanto professores (REKKOR et al., 2013). O foco deste trabalho é nas noções de nostalgia nas narrativas de professores na metade e no fim das suas carreiras e que tenham iniciado as suas carreiras na Estônia Soviética.

---

3. Uma das escolas secundárias de grau sênior renomadas de Tallinn, capital da Estônia.

Dados e processo da análise temática

Este trabalho se baseia na análise secundária de dois grupos de dados de entrevistas – 21 entrevistas semiestruturadas com professores técnicos conduzidas de acordo com a estrutura do nosso estudo anterior sobre a adoção de currículos nacionais e nove entrevistas com professores experientes sobre as mudanças educacionais resultantes da reforma VET na Estônia.

As entrevistas semiestruturadas, que foram norteadas por uma série de perguntas abertas predefinidas, ofereciam flexibilidade para os respondentes abordarem tópicos que lhes parecessem relevantes. O foco das entrevistas analisadas não era no passado soviético, tampouco na função dos professores técnicos no passado, e sim na reflexão sobre os desafios e mudanças atuais. Porém, os professores experientes geralmente construíam a sua função profissional atual em oposição às condições no período soviético. No primeiro grupo de dados, 21 professores estavam envolvidos em três áreas técnicas amplas: serviço, tecnologia e criatividade. A amostra se formou com base no princípio da diversidade; assim, os professores técnicos foram incluídos a partir de gêneros e grupos etários diferentes, assim como regiões e escolas técnicas diferentes da Estônia. Embora a amostra também incluísse dois professores no início da carreira de professores técnicos (que anteriormente haviam trabalhado em algum outro setor), os temas nostálgicos surgiram principalmente nas entrevistas com professores no fim da carreira e, em algum grau, professores na metade da carreira. O segundo grupo de dados envolveu nove entrevistas com professores experientes que tinham trabalhado como professores técnicos há mais de 20 anos. A amostra incluía professores de escolas e áreas técnicas diferentes, além de respondentes masculinos e femininos. As entrevistas duravam de 45min a 2h.

A abordagem híbrida à análise temática (BRAUN; CLARKE, 2006) foi aplicada na análise de transcrições das entrevistas. Assumindo a nostalgia como o conceito central, todas as unidades de texto que se relacionavam direta ou indiretamente ao passado foram codificadas e recodificadas durante as várias fases do processo de análise temática. Todas as entrevistas foram transcritas, os textos foram lidos e segmentos do texto onde o passado era mencionado foram marcados. Depois, os códigos iniciais voltados ao texto foram gerados. Em seguida, os códigos foram graduados em temas e subtemas, que foram analisados na fase seguinte e nomeados. A análise qualitativa é sempre um processo contínuo, orgânico e iterativo. Paralelamente às fases de uma análise um tanto voltada ao texto, fomos conduzidos pela estrutura conceitual-teórica da nostalgia na exploração de certos padrões mais especificamente e na geração de novas questões analíticas a fim de entender o mecanismo de funcionamento das narrativas nostálgicas. Portanto, em vez de tentar entender o significado da nostalgia para os respondentes, o conceito de nostalgia foi usado para mostrar como ela funciona e o que nos permite explicar (JACKSON; MOZZEI, 2018, p. 732). No estudo, o anonimato dos respondentes é garantido com o uso de pseudônimos e removendo todos os detalhes das citações que pudessem estar associados a escolas ou professores específicos.

Nostalgia nas narrativas de professores técnicos

A reforma VET na Estônia que ocorreu durante os últimos vinte anos mudou consideravelmente o trabalho, as funções e o ambiente de trabalho dos professores técnicos. Certos aspectos foram valorizados como altamente positivos. Por exemplo, alguns dos muitos aspectos positivos enfatizados pelos professores técnicos foram o desenvolvimento da infraestrutura das escolas, melhorias nas instalações e oficinas de treinamento, aumento das oportunidades de desenvolvimento profissional, orientação e introdução de um sistema de apoio ao aluno consistindo em assistentes sociais e psicólogos.

Embora possamos argumentar que professores técnicos com formações diversas, trajetórias e ideias pessoais sobre um bom ensino possam ter atitudes mais ou menos positivas diante das mudanças que afetam a sua vida profissional, certos temas repetitivos ou até discursos tendiam a emergir das suas narrativas. Esta análise somente se detém nos temas claramente ligados a exemplos do passado – o período soviético ou o início das suas carreiras de professores. Esses temas envolveram nitidamente uma referência nostálgica aos "tempos dourados" do passado.

Status *inferior da educação técnica culpado pela existência de alunos fracos e desmotivados*

O tema nostálgico central das narrativas dos professores técnicos se relaciona ao *status* da educação técnica na sociedade, onde é percebida como inferior ao que era no período soviético. Destacavam-se constantemente a baixa qualidade e motivação dos alunos contemporâneos comparados aos alunos do período soviético ou do início das carreiras dos professores. Os professores estavam especialmente frustrados pelo baixo nível das competências fundamentais entre os alunos, mas também por sua motivação e ética de trabalho. Ademais, os problemas sociais e psicológicos dos alunos atualmente se repetiam em todas as entrevistas.

A motivação e a qualidade inferiores dos alunos foram relacionadas ao *status* baixo da educação técnica, que é considerada uma segunda opção de solução a quem não ingressa numa escola secundária sênior (PÄRTEL; PETTI, 2013; SAAR; HELEMÄE, 2011). Portanto, os alunos técnicos não costumam compartilhar um entusiasmo ou interesse na área técnica em que ingressam. A educação técnica tende a ser um caminho educacional menos proeminente na Estônia, mas também em outros países (KIRPAL, 2011). Foram mencionadas memórias nostálgicas do tempo em que a área técnica tinha uma imagem mais popular, resultando em maior competição entre os candidatos e também mais motivação em aprender entre os alunos:

> Na realidade, em nossa área, a seleção entre os alunos que desejam começar seus estudos tendia a ser mais ampla. Então realmente podíamos aceitar os melhores, que expressassem a sua motivação e interesse na entrevista. Hoje a situação não é tão amena. Ainda temos alunos interessados e motivados, mas também existem aqueles que acham culinária uma perda de tempo... (Marika).

Os alunos antigos eram considerados mais motivados, mas também mais competentes em termos de habilidades gerais, como matemática e letramento ou competências técnicas. Como os alunos que ingressavam na educação técnica após a 9ª série (15 anos de idade) eram considerados especialmente fracos, a qualidade da educação geral era criticada:

> O público que ensinamos mudou. Quando comparamos os nossos alunos com aqueles de 15 anos atrás, há uma grande diferença. Infelizmente não para melhor, ao contrário. Naquela época, a preparação básica nas escolas secundárias era consideravelmente mais forte do que hoje. Não sei o que fazem nessas escolas para que as habilidades de trabalho independente sejam tão baixas (Mart).

Sentia-se que o desenvolvimento de hábitos de aprendizagem e responsabilidade, que deveria ter ocorrido em casa ou em níveis secundários anteriores, agora pesa sobre os ombros dos professores técnicos. Muitos dos professores consideram isso uma frustração. Especialmente no contexto da classificação alta no Pisa da Estônia, a narrativa do nível baixo dos alunos pode ser considerada contraditória. Na realidade, no contexto de números decrescentes de alunos, a escola secundária sênior tende a brigar pelos melhores alunos, e as escolas técnicas somente conseguem atrair os mais fracos:

O nível original deles na educação geral é muito baixo. Como não vemos os mais fortes, não os vemos; também leio trabalhos afirmando que na English College 87% dos formados continuarão em instituições de nível superior. Leio esses trabalhos e esse nível é diferente, não os vemos. Aqueles (mais fracos) vêm para nós... vêm para a educação técnica, já que a imagem do VET não melhorou (Olev).

Os professores expressam nostalgia pelo tempo em que os alunos eram profundamente interessados e comprometidos com a profissão que estavam estudando, comparados aos alunos hoje, que apenas vinham para estudar uma área ou que ainda nem tinham entendido totalmente o que era a área em que estavam matriculados. A baixa motivação dos alunos também tende a afetar a satisfação profissional dos professores.

Alunos problemáticos ampliando as funções dos professores técnicos

Apesar de o fato de estruturas de apoio aos alunos ter sido construído nas escolas técnicas, envolvendo especialistas da psicologia e pedagogia social, os professores ainda tendem a sentir que cada vez mais tempo e energia são usados para tratar de problemas dos alunos não diretamente relacionados ao ensino. Foram traçados paralelos com tempos antigos em que tudo era mais fácil.

A nova função de assistente social muitas vezes revelada nas narrativas de professores técnicos, mas também detectada por outros autores (ex.: CORT; ROLLS, 2010; SIRK et al., 2016), foi considerada por alguns como parte substancial do seu trabalho, mas também foi alvo de resistência de outros, sendo considerada algo que rouba tempo do ensino:

> No momento sinto que preciso me interessar se ele/ela tem o que comer ou beber e se vamos conseguir comprar o uniforme de culinária. De fato não sei

se isso é bom ou ruim. Mas na verdade toma uma parte considerável do meu tempo que eu deveria usar para preparar as aulas e assim dar um retorno melhor.

Embora envolva direta ou indiretamente conotações nostálgicas, a narrativa de "alunos fracos" é usada para construir tipos diferentes de perfis de identidade. Para alguns professores, os alunos fracos e desmotivados tendem a ser o aspecto principal que os frustra; especialmente entre professores experientes houve alguns que estavam decepcionados com a profissão e com os alunos, aguardando a aposentadoria. Por outro lado, muitos dos professores tendiam a construir o seu perfil de identidade como professores atenciosos, que moldavam a vida dos alunos e consideravam a função de assistente social parte do processo. Em ambos os casos, os professores tendiam a sentir nostalgia pelo tempo em que a educação técnica era mais popular e os alunos eram mais motivados e competentes. De certa forma, a nostalgia por alunos mais fortes do passado tende a ser coletivamente construída, servindo como mecanismo para entender o seu trabalho e funções profissionais num contexto de mudança (BROWN; HUMPHREYS, 2002).

Falta de apoio da família

De modo paralelo e entrelaçado com o discurso que menciona "alunos fracos", também existe o discurso das "famílias separadas", refletindo a nostalgia por uma sociedade com padrões familiares mais equilibrados. Sentimentos nostálgicos pelo passado e por tempos mais simples contrastavam com as tendências sociais atuais, como famílias separadas, migração relacionada ao trabalho e filhos vivendo sozinhos desde muito cedo. Essas mudanças eram vistas como algo que exercia um impacto direto sobre o comportamento do aluno e também sobre as funções em que os professores se encontravam no trabalho.

O número vasto de alunos com problemas psicológicos e falta de habilidades manuais foi relacionado a famílias separadas que acompanharam a transição da União Soviética:

> Há muitas mudanças. Tudo é acionado pelo colapso da União Soviética e sua substituição pela República Estoniana. Existem muitos divórcios e famílias separadas, sem a mão de um pai na família. Consequentemente, alguns dos garotos não sabem como usar uma chave de fenda. É louco (Rando).

Os problemas de aprendizagem e comportamento entre os alunos estão desafiando a competência psicológica, social e pedagógica dos professores e diversificando as funções profissionais não apenas na Estônia, mas em outras partes (cf. CORT; ROLLS, 2010; HARRIS; SIMONS; CLAYTON, 2005; KIRPAL, 2011). Entretanto, a mesma narrativa emergia nas entrevistas. Como o foco principal nas entrevistas era de que modo as mudanças resultantes da reforma VET haviam afetado o trabalho cotidiano dos professores, a ênfase nos alunos indica claramente a importância que os professores atribuem aos alunos na construção da sua identidade profissional e determinação das suas funções profissionais. A falta de ética profissional nos alunos atuais, se comparados àqueles do passado, foi relacionada à falta de bons exemplos em casa. Os pais muitas vezes eram descritos como indiferentes – sem interesse nos trabalhos da escola dos alunos ou não oferecendo muito apoio.

Mais responsabilidade e menos poder

Os professores achavam que as suas responsabilidades haviam aumentado a respeito da carga de trabalho administrativo, mas também em relação ao apoio aos alunos. Assim, os professores técnicos percebiam que o papel de educador e apoiador havia sido inteiramente delegado a eles pelos pais e que, em comparação aos tempos antigos, eles têm consideravelmente mais responsabilidades, porém menos poder:

> Como posso castigá-lo quando ele se atrasa? Não posso deixá-lo no corredor porque ele simplesmente iria embora. No tempo soviético, eu formava uma fila com eles, então eles sabiam que estavam atrasados. Agora chego pontualmente, mas os garotos não estão lá. Eles começam a chegar depois... (Olev).

Foi expressa nostalgia pelos velhos tempos (tempos soviéticos), quando os professores tinham mais liberdade para lidar com os alunos. Ademais, o funcionamento do sistema soviético em si pode ser considerado um poder sancionador. Se houvesse algum problema com as crianças, os pais eram notificados no seu local de trabalho. A distribuição de privilégios, como apartamentos, carros ou folgas, funcionava através dos locais de trabalho, portanto isso exercia um poder sancionador sobre as crianças e seus pais para que fossem mais ativos. De certo modo, a sociedade era vista como parcialmente responsável pela educação das crianças. Agora as crianças têm mais direitos, e os professores têm mais responsabilidade, porém menos poder; logo, "as mãos dos professores estão relativamente atadas", como pontuou um dos professores.

Menos comunicação, mais solidão

Além disso, os professores expressaram nostalgia pelos velhos tempos em escolas menores, com um senso maior de comunicação e comunidade – Goodson et al. (2006) se referem a isso como nostalgia social. Como parte da reforma VET, ocorreu a reestruturação de pequenas escolas técnicas em centros de treinamento regionais. Os professores consideram que isso resultou num decréscimo na comunicação informal entre os colegas e perda de senso de comunidade na escola. O passado – quando todo o coletivo se conhecia e era mais ativo na comunicação diária – é lembrado com nostalgia:

> A escola era pequena e havia mais comunicação...
> Agora os prédios são grandes, às vezes você nem vê
> algumas pessoas, talvez apenas nas reuniões... Bem,
> os mais jovens... Talvez eu nem os conheça porque
> temos prédios... (Tiina).

Embora as reformas educacionais tenham envolvido mudanças no trabalho dos professores (como integração de disciplinas, projetos de cooperação etc.) que exigem colaboração com outros professores na avaliação e ensino cotidiano (Sirk et al., 2016), a interação interpessoal informal entre os colegas se tornou rara, o que foi motivo de entristecimento. Os professores tendiam a achar que agora trabalham em isolamento e sentem falta da comunicação informal com os colegas. Ademais, a invasão crescente da tecnologia da informação no trabalho diário do professor e os papéis que passaram a ser virtuais tendem a aumentar ainda mais o isolamento dos professores técnicos:

> Bem, há dez anos, até quando tínhamos um intervalo de 10min, a sala dos professores tinha conversas alegres. Agora só temos duas ou três pessoas atrás de um computador ou lendo jornais. Alguns nem saem das suas salas. Vão para a sala, dão aula... [Rimos disso...] Parece que não existe ensino porque não existem professores. Antigamente, quando você abria a porta da sala dos professores, não dava para entrar (Kristina).

Foi vivenciada uma mudança na cultura escolar ou a invasão de uma nova mentalidade. Num dos centros de treinamento, fundado como resultado da fusão de três escolas anteriores, um professor de Metalurgia afirmou que a fusão envolveu a invasão de uma "mentalidade de escola de serviços". Como esse mesmo professor iniciou a carreira alguns anos depois que a fusão já havia ocorrido, esse caso pode ser tomado como exemplo de nostalgia diletante (AMOSAVA, s.d.). Embora não tenha vivenciado os "bons e velhos tempos", esse professor tende a reproduzir o discurso da "mentalidade da escola de serviços".

Padronização crescente

Os professores tenderam a construir a imagem do *status* baixo dos professores técnicos de forma relacionada à padronização crescente no seu trabalho diário e à falta de autonomia. Embora os professores tenham experimentado um aumento nas suas responsabilidades e nas expectativas sobre o seu trabalho, na realidade decresceu o seu poder decisório em questões concernentes ao seu trabalho cotidiano, conteúdo didático e métodos, e no tratamento dos alunos.

Uma das principais políticas de reforma do VET foi o desenvolvimento dos currículos nacionais (ÜMARIK, 2015). Embora a maioria dos professores considere os currículos nacionais importantes para garantir a comparabilidade do conteúdo do treinamento oferecido em escolas técnicas diferentes, em algumas áreas o processo de desenvolvimento curricular nacional foi considerado mais bem-sucedido e relacionado às realidades do mercado de trabalho do que em outras. Alguns professores, especialmente aqueles que permaneceram fora do processo de desenvolvimento dos currículos, tendem a ser mais críticos quanto ao resultado dessa reforma. Vários professores técnicos experientes descreveram uma nostalgia pelo sistema anterior que havia sido substituído:

> Bem, essa educação foi bastante reformada. Acho que de fato tivemos uma boa fundamentação que agora se desestruturou... Em algumas disciplinas aqueles tópicos foram incluídos, como nutrição ou outra coisa, então me pergunto se ensinaram tudo (Rita, professora de bufê).

Os currículos se tornaram cada vez mais detalhados e, consequentemente, é difícil captar e também explicar aos alunos os resultados da aprendizagem. Uma nostalgia foi expressa pelos tempos antigos, quando o currículo era mais claro, mais simples e mais compreensível, e também permitia mais autonomia ao trabalho dos professores. Ademais, o trabalho administrativo aumentou consideravelmente. Os planos de trabalho muito detalhados que os professores precisam elaborar foram considerados por alguns como uma papelada que consome tempo e deveria ser elaborada por outra pessoa, não ajudando no planejamento das aulas de fato:

> Acho que não passa de uma mudança na forma e essas exigências hoje não me ajudam em nada em termos de ensino. É uma simples formalidade, caso os inspetores apareçam; é bom para eles verem (Tõnu).

Outra professora também descreve a sua estratégia de trabalho para estar formalmente de acordo com as exigências, mas ensinar da sua maneira na realidade:

> Honestamente, nunca levei esses currículos a sério. Quando me dizem para escrever um módulo, escrevo um módulo. Quando me dizem para fazer outra coisa, escrevo outra coisa. Escrevo, mas não uso. Na realidade é um trabalho adicional... (Iris).

Essa última professora é profundamente dedicada aos alunos. O currículo nacional atual simplesmente está em conflito com as suas crenças pedagógicas. De acordo com ela, o sistema padronizado e os planos de curso preparados não funcionam, já que cada aluno tem seu próprio ritmo de desenvolvimento. Logo, ela mantém uma espécie de "prestação de contas dupla" sobre o progresso dos alunos – uma para a escola e outra para ela, que ela de fato usa no seu trabalho.

Status *inferior e compromisso dos professores hoje*

Os professores percebem o *status* dos professores técnicos como inferior ao que era no início da carreira. Por outro lado, o salário baixo dos professores técnicos foi percebido como um sinal de que a profissão não é valorizada na sociedade. Também argumentaram que o *status* profissional dos professores técnicos hoje foi reduzido pelos alunos e também pelos pais, e que os alunos agora são vistos como clientes e os professores como especialistas em atendimento ao cliente. Os professores falaram sobre a dificuldade de atender às expectativas dos pais, assumir mais responsabilidade e cuidar dos alunos, quando na realidade não têm poder (de sanção).

Além disso, a avaliação dos professores é vista como uma grande afronta à sua autoestima. Em muitas entrevistas, os professores técnicos argumentam que eram considerados professores técnicos sênior, agora foram rebaixados à categoria de professores técnicos por não terem cumprido ou renovado a avaliação exigida. Para eles, isso foi um descrédito à sua função de professor:

> Acho que o mais incômodo para os professores... pelo menos para mim, e falamos muito a respeito com nossos colegas. O que mais nos incomoda é o descrédito. A cada cinco anos você precisa provar aos outros que ainda é um professor, que não virou uma espécie de guarda-chuva. É de certo modo depreciativo (Kristina).

Atualmente os professores são considerados menos comprometidos com a profissão e seu trabalho do que a geração mais antiga. A sua identidade de professores comprometidos com uma missão foi construída em oposição à identidade dos professores hoje. Os professores ponderam que antes ninguém contava a carga horária, e todas as tarefas além do ensino, como treinamento, reuniões com colegas e pais, eram consideradas uma parte normal do trabalho cotidiano antigamente, agora o magistério é diferente:

> Eu já ouvi e vi esses professores jovens, eles não se comprometem como no nosso tempo... Hoje os (professores) jovens nem sequer querem horas extras; às 2h o trabalho acaba (Tiina).

Essa imagem de professor atencioso que não vivencia o trabalho simplesmente como uma obrigação, mas algo com o qual está totalmente comprometido, relaciona-se aos conceitos de "profissionais antigos" em oposição aos "profissionais novos", propostos por Goodson (2003).

Pode-se argumentar que a nostalgia pelos tempos antigos e a resistência às mudanças atuais realmente podem ser consideradas uma preocupação geracional que as coortes de professores formam no começo da carreira e as levam consigo (HARGREAVES; MOORE, 2005). Por outro lado, pode-se argumentar que, como a categoria "profissionais antigos" não se relaciona a certo grupo etário, e sim a certa aspiração que pode ser sentida tanto por professores antigos e novos (GOODSON, 2003), os professores técnicos também tendem a variar em termos de compromisso ou atuação diante das mudanças.

Narrativas nostálgicas revelando contradições e indicando direções futuras

As narrativas dos professores continham muitos temas repetitivos (motivação baixa e competência dos alunos, crescente padronização e perda de autonomia, mais responsabilidade e menos poder etc.) que tendiam a se relacionar de certo modo ao *status* da educação técnica e dos professores técnicos que foi percebido como inferior ao anterior. Podemos comentar que as narrativas dos professores técnicos estonianos refletem a nostalgia política e social descrita por Goodson et al. (2006) – estando a nostalgia política associada ao *status* e à autonomia perdidos, e a nostalgia social associada ao decréscimo da comunicação e senso de comunidade nas escolas.

Nas narrativas dos professores, a nostalgia pelo antigo sistema de educação técnica, que permitia maior autonomia e poder aos professores em seu trabalho, foi sobreposta por uma nostalgia por uma sociedade com padrões familiares e profissionais mais estáveis e atitudes de confiança diante dos professores técnicos. Não houve nostalgia direta por legados soviéticos ou desejo pelo sistema soviético, embora de certa forma a nostalgia pela política da "mão forte" no ensino e o impacto positivo da função da sociedade na educação de jovens refiram-se ao sistema soviético. O discurso público hegemônico na Estônia durante os últimos 25 anos de nova independência tem sido um tanto antinostálgico, na tentativa de esquecer o passado e enfatizar o retorno ao Ocidente (LAURISTIN; VIHALEMM, 1997). Poderíamos pressupor que mais nostalgia relativa à sociedade soviética poderia emergir das narrativas de professores falantes de russo, que não foram muito estudados no contexto estoniano e merecem uma análise mais profunda em estudos futuros.

Traçando paralelos com a distinção entre nostalgia restaurativa e reflexiva feita por Boym (2001), podemos argumentar que modalidades um tanto reflexivas de nostalgia emergiram das narrativas dos professores neste estudo. Em alguns exemplos, as narrativas nostálgicas foram usadas estrategicamente para legitimar a resistência às mudanças. Por exemplo, como parte de se encontrar formas para que os professores ficassem formalmente alinhados às novas exigências, eles de fato não seguiam quaisquer regras que não tivessem sentido ou não estivessem de acordo com suas próprias crenças pedagógicas. Na maioria dos casos, a nostalgia tende a servir como mecanismo que permite entender as mudanças educacionais enfrentadas pelos professores. A nostalgia também contribui para o entendimento de si mesmo como professor numa situação nova (BROWN; HUMPHREYS, 2002), construção de identidade coletiva e adaptação às novas demandas diárias. Portanto, concordamos com aqueles que argumentam a favor do reconhecimento das funções positivas da nostalgia (ex.: ZEMBY-LAS, 2014) e da criação de estratégias e espaço pedagógico a fim de permitir a reflexão crítica sobre políticas e reformas educacionais antigas e atuais. Não devemos rejeitar a nostalgia dos professores, e sim considerá-la um fenômeno que merece uma análise mais crítica. Já havia sido testemunhado que o modo pelo qual iniciativas de reestruturação radical buscadas em várias indústrias, resultando em desilusão profissional entre "profissionais antigos" dedicados, causou "perda de memória corporativa" e "perda de orientação" (GOODSON, 2003). Isso significa que a coorte antiga de profissionais desencantados com as políticas da reforma se aposentam cedo ou continuam a trabalhar de forma descomprometida. Consequentemente, o conhecimento profissional transmitido de praticante para praticante se perdeu. Podemos observar sinais similares de perda de memória – pessoal e institucional – no contexto VET estoniano pós-soviético. O discurso público em torno da era de transição e políticas de reforma VET encorajaram atitudes um tanto nostálgicas. Os professores técnicos são encorajados a abandonar práticas, métodos e visões pedagógicas anteriores e de repente fazer coisas de forma nova, nem sempre entendendo os motivos ou benefícios pessoais envolvidos. Além disso, o *status* baixo dos professores (técnicos) na sociedade, segundo a percepção dos próprios professores, mas também do público (PÄRTEL; PETTI, 2013), contribui para a perda de memória em âmbito institucional, já que professores experientes da área na realidade não têm ninguém a quem possam transmitir seus conhecimentos.

Consideramos o conceito de refração (GOODSON; RUDD, 2017) uma ferramenta conceitual proveitosa para explicar como é a refração de políticas de reforma educacional mundiais em graus diferentes, tendo resultados diferentes. A nostalgia poderia estar potencialmente contribuindo para a refração de duas formas, seja provendo a base para o entendimento coletivo das mudanças como uma solução de adoção das mudanças educacionais (SPILLANE et al., 2002) ou servindo como mecanismo de resistência. Também podemos ver que a nostalgia social e política pode funcionar de forma harmoniosa para articular a natureza contraditória do movimento de reforma educacional mundial. Quando as mudanças são consideradas regressivas, não progressivas, e muitas das entrevistas com os professores indicam tal possibilidade – a nostalgia se torna um canal para expressar essa contradição. A nostalgia poderia ser vista como um canal que também indica as contradições inerentes às reformas VET estonianas. Se por um lado as políticas da reforma introduzidas (integração de disciplinas, redes criadas como parte do desenvolvimento curricular etc.) exigem a colaboração do professor, na realidade os professores foram privados do senso de comunidade, além de tempo e espaço para reflexão. Porém, quando a nostalgia se expressa através do entendimento coletivo e oferece uma visão de continuidade e propósito, ela pode ser aproveitada para reestruturar as reformas educacionais, de modo a melhorar o compromisso profissional dos professores e as experiências dos alunos.

Agradecimentos

Este capítulo faz parte do projeto de pesquisa nacional IUT18-2 "Profissão e profissionalismo do professor num contexto de mudanças (01/01/2014-31/12/2019)" patrocinado pelo Conselho de Pesquisa Estoniano.

Financiamento

Este trabalho foi patrocinado pelo Conselho de Pesquisa Estoniano [IUT18-2].

Colaboradores

Meril Ümarik (Ph.D. em Sociologia) trabalha como professora-associada em pesquisa educacional e é membro de Pesquisa Sênior da Faculdade de Ciências Educacionais da Universidade de Tallinn. Os seus interesses de pesquisa envolvem reformas educacionais e adoção de políticas de reforma na formação e educação técnica (VET), profissionalismo de professores técnicos, segregação de gênero no VET etc. A base do seu conhecimento metodológico reside em métodos de pesquisa qualitativa [https://www.etis.ee/Portal/Persons/Display/abf2c96b-548e-4989-9d6d-1e51499d5d27?lang=ENG].

Ivor Goodson trabalhou em universidades na Europa, no Canadá e nos Estados Unidos, ocupando cargo de visitante em vários países. Atualmente é professor de Pesquisa Internacional na Universidade de Tallinn, Estônia. Nos últimos trinta anos, tem pesquisado, pensado e escrito sobre algumas questões essenciais e persistentes da educação, colaborando com mais de 50 livros e 600 artigos na área. As especializações em histórias de vida e pesquisa narrativa representam uma área especial de competência, assim como a sua pesquisa sobre vida, carreira e profissionalismo do professor [http://www.ivorgoodson.com].

Referências

ALEXIEVICH, S. (2016). *Second-hand time*. Londres: Fitzcarraldo.

AMOSAVA, T. (s.d.). *Nostalgia for the Soviet past in the post-Soviet countries* [Disponível de https://carleton.ca/jewishstudies/wp-content/uploads/Ze likovitz-Centre-July-10-2015.pdf – Acesso em 11/03/2021].

BALL, S.J.; MAGUIRE, M.; BRAUN, A. (2012). *How schools do policy – Policy enactments in secondary schools*. Londres/Nova York: Routledge.

BOYM, S. (2001). *The future of nostalgia*. Nova York: Basic Books.

BRAUN, V.; CLARKE, V. (2006). Using thematic analysis in psychology. *Qualitative Research in Psychology*, 3, p. 77-101.

BROWN, A.D.; HUMPHREYS, M. (2002). Nostalgia and the narrativization of identity: A Turkish case study. *British Journal of Management*, 13, p. 141-159.

CORT, P.; ROLLS, S. (2010). Ivet teachers' perceptions of change and their implications for teaching. In: KIRPAL, S. (ed.). *Changing roles and competences of VET teachers and trainers*. Relatório final. Vol. II: National summaries of interview results. University of Bremen, p. 59-69.

GOODSON, I.F. (2003). *Professional knowledge, professional lives – Studies in education and change*. Maidenhead: Open University Press.

GOODSON, I.F.; MOORE, S.; HARGREAVES, A. (2006). Teacher nostalgia and the sustainability of reform: The generation and degeneration of teachers' missions, memory, and meaning. *Educational Administration Quarterly*, 42(1), p. 42-61.

GOODSON, I.F.; RUDD, T. (2017). The limits of neoliberal education – Refraction, reinterpretation and reimagination. In: RUDD, T.; GOODSON, I.F. (eds.). *Negotiating Neoliberalism. Developing Alternative Educational Visions*. Roterdã/Boston/Taipei: Sense, p. 183-200.

HARGREAVES, A.; GOODSON, I.F. (2006). Educational change over time? – The sustainability and non-sustainability of three decades of secondary school change and continuity. *Educational Administration Quarterly*, 42(1), p. 3-41.

HARGREAVES, A.; MOORE, S. (2005). Voice, nostalgia, and teachers' experiences of change. In: BODONE, F. (ed.). *What difference does research make and for whom?* Nova York: Peter Lang, p. 129-140.

HARRIS, R.; SIMONS, M.; CLAYTON, B. (2005). *Shifting mindsets: The changing work roles of vocational education and training*. Adelaide: Australian National Training Authority.

JACKSON, A.Y.; MAZZEI, L.A. (2018). Thinking with theory: A new analytic for qualitative inquiry. In: DENZIN, N.K.; LINCOLN, Y.S. (eds.). *The Sage handbook of qualitative research*. 5. ed. Los Angeles: Sage, p. 717-737.

KIRPAL, S. (2011). Emerging roles and competence requirements of teaching and training practitioners – a European perspective. In: KIRPAL, S.R. *National pathways and European dimensions of trainers' professional development*. Frankfurt a. Main/Berlin/Berna/Bruxelas/Nova York/Oxford/Viena: Peter Lang, p. 27-44.

LAURISTIN, M.; VIHALEMM, P. (1997). *Return to the Western World: Cultural and political perspectives on the Estonian post-communist transition.* Tartu: Tartu University Press.

LOOGMA, K. (2016). Europeanization in VET policy as a process of reshaping the educational space. *International Journal for Research in Vocational Education and Training*, 3(1), p. 16-28.

NIKOLAYENKO, O. (2008). Contextual effects on historical memory: Soviet nostalgia among post-Soviet adolescents. *Communist and Post--Communist Studies*, 41, p. 243-259.

PÄRTEL, K.; PETTI, K. (2013). *Elanikkonna teadlikkus kutseõppes toimuvast ja kutsehariduse maine aastal 2013.* Tallinn: Innove.

REKKOR, S.; ÜMARIK, M.; LOOGMA, K. (2013). Adoption of national curricula by vocational teachers in Estonia. *Journal of Vocational Education & Training*, 65(4), p. 489-506.

SAAR, E.; HELEMÄE, J. (2011). Conclusions and discussions. In: SAAR, E. (ed.). *Towards a normal stratification order – Actual and perceived social stratification in post-socialist Estonia.* Frankfurt a. Main/Berlim/Berna/Bruxelas/Nova York/Oxford/Viena: Peter Lang.

SAHLBERG, P. (2010). Rethinking accountability in a knowledge society. *Journal of Educational Change*, 11(1), p. 45-61.

SIRK, M.; LIIVIK, R.; LOOGMA, K. (2016). Changes in the professionality of vocational teachers as viewed through the experiences of long--serving vocational teachers in Estonia. *Empirical Research in Vocational Education and Training*, 8, 13.

SPILLANE, J.P.; REISER, B.J.; REIMER, T. (2002). Policy implementation and cognition: Reframing and refocusing implementation research. *Review of Educational Research*, 72(3), p. 387-431.

TAFEL-VIIA, K.; LOOGMA, K.; LASSUR, S.; ROOSIPÕLD, A. (2012). Networks as agents of innovation: Teacher networking in the context of vocational and professional higher education reforms. *Vocations and Learning*, 5(2), p. 175-193.

ÜMARIK, M. (2015). *Adopting Reform Policies in Vocational Education and Training: The Case of Post-Soviet Estonia.* Tallín: Tallinn University [Tese de doutorado].

VÄHÄSANTANEN, K.; ETELÄPELTO, A. (2009). Vocational teachers in the face of a major educational reform: Individual ways of negotiating professional identities. *Journal of Education and Work*, 22(1), p. 15-33.

VELIKONJA, M. (2009). Lost in transition, nostalgia for socialism in post--Soviet countries. *East European Politics and Societies*, 23(4), p. 535-551.

WALLACE, M. (2003). Managing the unmanageable? – Coping with complex educational change. *Educational Management Administration & Leadership*, 31(1), p. 9-29.

ZELLOTH, H. (2003). *Country monograph on vocational education and training system and structure and public and private employment services in Estonia*. Tallinn: Estonian National Observatory.

ZEMBYLAS, M. (2011). Reclaiming nostalgia: Counter-memory, aporetic mourning, and critical pedagogy. *Discourse: Studies in the Cultural Politics of Education*, 32, p. 641-655.

ZEMBYLAS, M. (2014). Nostalgia, postmemories, and the lost homeland: Exploring different modalities of nostalgia in teacher narratives. *Review of Education, Pedagogy and Cultural Studies*, 36, p. 7-21.

9
Contextos políticos de mudança e narrativas sobre a vida profissional dos professores

I.F. Goodson
M. Ümarik

Resumo

Nas últimas décadas, o trabalho dos professores no mundo todo sofreu mudanças profundas. Vimos que os professores enfrentaram desafios recentes de modo diferente e se adaptaram às mudanças educacionais em graus diferentes, dependendo da sua disposição pessoal, mas também de apoio no local de trabalho e da liderança escolar. O foco deste estudo é no exemplo dos professores técnicos estonianos que serve como um caso interessante para analisarmos como a interação entre o contexto transicional e as tendências da política neoliberal adotada desde que a Estônia reconquistou a sua independência em 1991, após 50 anos sob o domínio soviético, afetou as trajetórias individuais da vida dos professores. O objetivo deste trabalho é entender como a interação entre o contexto institucional e as vidas (profissionais) individuais moldam os entendimentos que professores técnicos estonianos têm do seu trabalho e profissão. Sugerimos que certos períodos de prática são visíveis nas narrativas dos professores e tais períodos podem ser considerados como algo que permite graus diferentes de atuação. Porém, as nossas entrevistas também revelaram que períodos diferentes de reforma foram percebidos de modo diferente, recebendo respostas diferentes. No contexto de 25 anos do processo de reforma educacional, as políticas e exigências introduzidas sofreram uma refração em graus distintos (GOODSON; RUDD, 2017), inclusive aquela da área técnica, das escolas e professores individuais. Os nossos resultados confirmam que os recursos individuais, sociais, culturais e materiais dos professores, como competência, estágio da carreira, relações e redes, liderança escolar e cultura prevalente nas escolas têm a sua função na permissão ou impedimento à atuação dos professores.

Introdução

Nas últimas décadas, o trabalho dos professores no mundo todo sofreu mudanças profundas resultantes de várias reformas paralelas, populações discentes diversificadas, desenvolvimentos tecnológicos e globalização. O trabalho dos professores muitas vezes se tornou cada vez mais padronizado sob esforços de reformas neoliberais, resultando em perda de autonomia no seu trabalho cotidiano (SAHLBERG, 2010). Por outro lado, a tendência emergente na política educacional é reconhecer a importância da atuação dos professores para a qualidade geral da educação (ex.: BIESTA; PRIESTLEY; ROBINSON, 2015; ROBINSON, 2012). Vimos que os professores enfrentaram desafios recentes de modo diferente e se adaptaram às mudanças educacionais em graus diferentes, dependendo da sua disposição pessoal, mas também de apoio no local de trabalho e da liderança escolar (DAY, 2017; ÜMARIK, 2015; VÄHÄSANTANEN; ETELÄPELTO, 2011). O objetivo deste trabalho é entender como a interação entre o contexto institucional e as vidas (profissionais) individuais moldam os entendimentos que professores técnicos têm do seu trabalho e profissão.

O exemplo dos professores técnicos estonianos serve como um caso interessante para analisarmos como a interação entre o contexto transicional e as tendências da política neoliberal adotada desde que a Estônia reconquistou a sua independência em 1991, após 50 anos sob o domínio soviético, afetou as trajetórias individuais da vida dos professores. Na Estônia pós-soviética, as mudanças consideráveis na vida profissional dos professores foram extremas. De modo paralelo à reforma educacional neoliberal implementada nos últimos 25 anos, a transição de uma sociedade comunista para democrática envolveu mudanças institucionais radicais afetando todas as esferas da sociedade. Durante a era soviética, o sistema de educação técnica estava fortemente relacionado à indústria soviética, as empresas serviam como instalações de apoio e treinamento para as escolas, enquanto também financiavam as escolas e ditavam as necessidades e os conteúdos do treinamento. Após o colapso da União Soviética, o funcionamento do sistema de formação e educação técnica (doravante VET) mudou radicalmente, o que também incluía uma diversificação das funções profissionais dos professores técnicos e uma mudança nas exigências de qualificação (SIRK; LIIVIK; LOOGMA, 2016).

Em nosso trabalho anterior (LOOGMA; ÜMARIK; SIRK; LIIVIK, 2019; ÜMARIK, 2015), identificamos fases diferentes na reforma da educação técnica na Estônia que voltou a ser independente. O objetivo deste trabalho é entender como períodos diferentes em termos de construção institucional, oportunidades materiais e relações sociais estão visíveis nas narrativas dos professores técnicos e como afetaram a sua vida profissional e propiciaram maior ou menor atuação. Chamamos isso de "períodos de prática". As principais questões que desejamos abordar são: Qual é a interação entre mudanças regulatórias e institucionais que chamamos de narrativas sistêmicas e práticas profissionais dos professores? Como contextos e períodos institucionais diferentes da reforma VET afetaram a atuação dos professores, moldaram sua função e práticas profissionais?

Pautamos a nossa análise em entrevistas com histórias de vida narrativas com professores técnicos estonianos conduzidas segundo a estrutura do projeto de pesquisa em andamento, "Profissão e profissionalismo do professor em contextos de mudanças". Os casos de três professores foram apresentados demonstrando como os períodos da reforma VET foram construídos nas narrativas de professores sobre a sua prática, a qual poderia também ter sido afetada por suas crenças pessoais, formações, trajetórias na carreira ou contexto escolar, propiciando maior ou menor atuação.

Contexto de mudanças do trabalho de professores técnicos

Desde a reconquista da independência da Estônia em 1991, após 50 anos sob o domínio soviético, duas transformações radicais ocorreram: a transição social de uma sociedade socialista para um sistema democrático e, segundo, o colapso do sistema antigo dual distorcido soviético da educação e formação técnica e a emergência do sistema baseado na escola. Durante esse processo, os laços anteriores entre escolas e empresas foram rompidos (LOOGMA et al., 2019). Embora a reforma nas áreas de educação geral e superior já tivesse começado no início da década de 1990, a reforma estatal no VET somente ganhou ímpeto na segunda metade da década de 1990 (ZELLOTH, 2003). Durante as duas últimas décadas, o trabalho dos professores técnicos sofreu mudanças significativas resultantes de várias políticas de reforma paralelas introduzidas na Estônia que voltou a ser independente. Períodos distintos podem ser identificados na reforma VET estoniana (cf. tb. LOOGMA et al., 2019; ÜMARIK, 2015), com base nas providências tomadas para regulamentar e padronizar o funcionamento de diferentes investidores, escolas e professores.

O período entre 1990 e 1996 ficou conhecido como o tempo de ajuste liberal, já que o antigo sistema VET soviético havia colapsado e toda a infraestrutura institucional precisou ser reconstruída. Durante esse período, a regulamentação estatal do VET era fraca (NEUDORF; ANNUS; ORRO; JÖGI, 1997). Porém, doadores e especialistas estrangeiros desempenharam um papel importante no VET estoniano e vários projetos de modernização foram iniciados (GROOTINGS, 1998), mas eles envolviam somente algumas instituições e professores da educação técnica. Como havia uma falta de currículos nacionais, modelos de treinamento práticos e materiais de estudo adequados, todas as escolas e professores tenderam a "inventar a própria roda" na tentativa de se adaptarem à situação econômica que havia mudado. Os projetos Phare[4], iniciados na metade da década de 1990, tenderam a dar um ímpeto ao desenvolvimento curricular voltado ao mercado de trabalho nas escolas VET. Entretanto, como apenas um terço das escolas técnicas se envolveram nesses projetos (REKKOR, 2011), as escolas tenderam a ocupar uma posição desigual. O estatuto dos professores técnicos (KUTSEÕPETAJA STATUUT, 1995) adotado em 1995 introduziu o termo "professor técnico" pela primeira vez (antes existiam professores ensinando teoria e treinadores oferecendo treinamento prático) e especificou o conteúdo do trabalho dos professores técnicos e as exigências pedagógicas. Consequentemente, nos anos seguintes, muitos professores precisaram voltar à universidade para adquirir a formação pedagógica necessária.

Desde a segunda metade da década de 1990, o planejamento estatal estratégico e a construção da estrutura legislativa para o VET iniciaram e as prioridades de desenvolvimento para as instituições VET foram formuladas. A Lei de Instituições Técnicas (1998) e a Base Conceitual para a Educação Técnica adotadas em 1997 servem como importantes marcos aqui. No fim da década de 1990, várias políticas de reforma paralelas começaram com um

---

4. O projeto Phare é um instrumento de pré-adesão financiado pela União Europeia para ajudar os países candidatos da Europa Central e Oriental nas suas preparações para integrarem a União Europeia.

efeito estruturador na área do VET (como a reorganização da rede de escolas VET, o desenvolvimento curricular, a introdução de novos modos de formação técnica etc.). Em 1999, a Câmara de Comércio e Indústria começou os trabalhos de construção do sistema de qualificação profissional estoniano que culminou em 2000 com a aprovação da Lei de Profissões como ponto de virada para a padronização. Esse documento regulamentava o desenvolvimento de exigências de qualificação profissional e fornecia as condições e procedimentos para avaliação e concessão de qualificações profissionais (KUTSESEADUS, 2000).

O período anterior ao ingresso na União Europeia (2001-2004), também conhecido como período de pré-adesão, caracteriza o início da crescente padronização no VET que continua até agora e se reflete nas ferramentas, metas e modelos políticos europeus tomados como estruturas. Durante esse período, várias políticas de reforma iniciadas no fim da década de 1990 continuaram. Também durante esse período, o primeiro Sistema de Qualificação Nacional de 5 níveis foi introduzido (LOOGMA, 2016) e foram desenvolvidos padrões profissionais que formaram uma base para o desenvolvimento curricular nacional. Os grupos de desenvolvimento curricular nacional foram criados como parte de um processo de reforma descendente nacional que envolvia mais professores técnicos ativos de cada área, mas também empregadores e sócios. Isso serviu como ímpeto para as redes entre os professores e também aumentou a cooperação com os empregadores (REKKOR; ÜMARIK; LOOGMA, 2013).

Desde 2005, a padronização e a europeização continuaram e se intensificaram. Houve progresso no alinhamento das provas finais das instituições VET a 591 provas de professores e ensino profissionais (Ministério da Educação e Pesquisa da Estônia, 2009). Além disso, em 2008, um novo sistema de qualificação profissional em nível oito foi adotado na Estônia em consonância com a estrutura de qualificações europeia. Ele resultou na renovação dos padrões profissionais e currículos nacionais. Ademais, representando um novo desafio aos professore técnicos, uma abordagem baseada nos resultados da aprendizagem foi introduzida nos currículos VET, considerando prioritária a integração de disciplinas gerais e técnicas (Ministério da Educação e Pesquisa da Estônia, 2009).

Portanto, percebemos que as mudanças no VET estoniano desde a independência foram fortemente afetadas pelas orientações políticas VET da União Europeia e envolveram fortes tendências de padronização. Muitas políticas de reforma foram introduzidas paralelamente e muitas vezes novas regulamentações eram iniciadas antes que as anteriores tivessem sido totalmente implementadas. Isso exigia que os professores técnicos ficassem preparados para se adaptar e entender as mudanças constantes nas suas condições de trabalho.

Estrutura conceitual

Segundo Kemmis e Grootenboer (2007), a práxis de um indivíduo é moldada por "arquiteturas de prática" que medeiam as precondições para a prática, inclusive ajustes sociopolíticos, materiais/econômicos e culturais/discursivos. Com base nisso, tentamos identificar "períodos de prática" e entender como a construção institucional – incluindo regulamentações, oportunidades materiais e relações sociais – define parâmetros para a prática do professor. Para Kemmis e Grootenboer (2007), a práxis é considerada um fenômeno coletivo moldado por memórias sociais, inclusive discursos compartilhados, papéis, normas e funções organizacionais/institucionais. Logo, "períodos de prática" diferentes podem ser considerados definidores das condições e parâmetros do trabalho e carreira do professor técnico, mas também como algo que molda a sua forma de entender as suas funções de trabalho e perceber-se como profissional.

Além disso, a trajetória de vida pessoal (profissional), especialmente o início da carreira dos professores, pode desempenhar um papel decisivo na construção da sua profissão. Certos eventos na carreira do professor, chamados de "incidentes críticos", podem ser muito significativos em termos do desenvolvimento de memória profissional e comportamento profissional futuro (BEN-PERETZ, 2002). De acordo com Hargreaves (2005), a idade e a experiência pedagógica dos professores se relacionam à sua disposição de adotar as mudanças educacionais; em geral professores mais experientes relutam em adotar novas exigências. Em nosso estudo anterior (ÜMARIK; GOODSON, 2018), testemunhamos que as memórias nostálgicas das fases iniciais da trajetória de professores técnicos têm uma função importante na formação do seu entendimento atual. De certo modo, a nostalgia tende a servir como mecanismo que permite entender as mudanças educacionais e a si mesmo enquanto professor numa situação de mudança (BROWN; HUMPHREYS, 2002). Respostas nostálgicas enfatizam o fato de que os professores muitas vezes formam as suas atitudes profissionais num "período de prática" inicial, o que em geral passa para a sua carreira subsequente.

Desenvolvemos a ideia de "períodos de prática" com configurações institucionais diferentes propiciando graus diferentes de autonomia para os professores, sendo alguns períodos mais decisivos no que tange ao profissionalismo do professor. Por outro lado, as formações pessoais e a trajetória de vida (profissional) também desempenham uma função na formação das disposições profissionais dos professores. Estudos anteriores enfatizam a função do líder escolar e de culturas escolares colaborativas no apoio à adoção de mudanças (ex.: BROUWER; NIEUWENHUIS; SIMONS, 2012; SEASHORE LOUIS; ROBINSON, 2012) e no entendimento a respeito das mudanças (SPILLANE; REISER; REIMER, 2002). A interação entre fatores contextuais e pessoais poderia explicar por que as inovações educacionais sempre enfrentam resistência de alguns professores e como esforços de reforma similares têm resultados diferentes. O conceito de refração (GOODSON; RUDD, 2017) possibilita explicar como políticas de reforma educacional descendentes sofrem refração em níveis diferentes e passam por pontos diferentes de refração (como em níveis nacionais, escolares ou individuais). A análise de narrativas de vida-trabalho entre professores técnicos pode revelar quais fatores institucionais e pessoais foram decisivos na formação da sua profissão e como a atuação do professor se manifesta no contexto de períodos de prática diferentes.

Portanto, a nossa abordagem, enfatizando a interação entre estrutura e atuação, conecta-se bem à "estruturação" de Giddens (1984/1991). Segundo ele, a estrutura e os agentes tendem a formar uma dualidade. A estrutura sempre permite e restringe ao fornecer regras a serem seguidas e recursos que sejam efetivos no mundo social. Contudo, essas regras serão selecionadas, reinterpretadas e adaptadas de acordo com as situações locais. Similarmente, Berger e Luckmann (1967) enfatizam a natureza socialmente construída da realidade e a interação entre o ator que constrói a realidade e o contexto que define a sua atividade. Em nosso trabalho, também tentamos entender como a configuração institucional no contexto de períodos de reforma diferentes permite mais ou menos atuação do professor. A atuação pode ser considerada uma capacidade individual de agir combinada com as contingências do ambiente onde tal ato ocorre (PRIESTLEY; RICHARDS; PRIESTLEY; MILLER, 2012). A atuação do professor pode ser considerada a capacidade de influenciar o próprio trabalho ou considerada em relação à sua tomada de decisões concernentes à participação na implementação da reforma educacional (VÄHÄSANTANEN, 2015). Os dois aspectos se relacionam aos recursos pessoais, sociais, culturais ou materiais do professor (como competência, experiência, conhecimentos linguísticos, relações, ambiente físico etc.) (BIESTA et al., 2015; VÄHÄSANTANEN, 2015). Ademais, a atuação do professor claramente manifesta dimensões temporais, o que significa que experiências passadas e perspectivas podem moldar a sua participação atual (em situações de reforma) (ex.: BIESTA et al., 2015; PRIESTLEY et al., 2012).

Estrutura metodológica

O trabalho se baseia em 24 entrevistas com histórias de vida realizadas com professores(as) técnicos(as) representando diferentes áreas, grupos etários e de regiões distintas da Estônia. Dados empíricos foram coletados usando um desenho de entrevista narrativa (ROSSITER, 1999) com foco em experiências expressas nas estórias vividas e contadas dos indivíduos (CRESWELL, 2013, p. 54). A entrevista narrativa começou com a pergunta generativa: "Conte-me como você se tornou professor técnico". Somente depois de responder a esses aspectos levantados pelos próprios professores nas suas narrativas é que fazíamos perguntas mais específicas. Uma entrevista narrativa com foco nas estórias dos professores relatando como se tornaram e eram professores técnicos, sua vida pessoal e carreira também apresentam o seu senso pessoal de ser professor, assim como uma percepção pessoal das mudanças e contextos institucionais diferentes. As entrevistas individuais duravam entre 1:20h e 2h.

As entrevistas gravadas foram transcritas e analisadas usando uma abordagem de análise narrativa temática (RIESSMAN, 2008). O processo de análise envolveu vários estágios de codificação e recodificação das transcrições das entrevistas, identificando categorias e subcategorias temáticas. Primeiro, eram marcados todos os segmentos de texto onde o trabalho do professor era descrito. Depois, esses segmentos eram lidos e códigos textuais eram gerados. Após rever o texto e a codificação inicial, os códigos eram graduados em temas e subtemas. Os padrões de temas emergindo das estórias individuais eram comparados em casos individuais. As principais categorias temáticas relacionadas às práticas de ensino técnico que emergiram das estórias incluem: organização do processo didático (preparação da aula e de materiais de estudo), métodos (métodos de ensino, formas de tratar os alunos e mecanismos disciplinares), tarefas de desenvolvimento (desenvolvimento curricular, integração de disciplinas), colaboração (com colegas, empregadores, comunicação com os pais, autonomia e controle) etc.

Como a análise qualitativa é sempre contínua e iterativa por natureza, paralelamente à análise temática textual fomos conduzidos pela estrutura teórica das "arquiteturas práticas" na conexão entre as categorias temáticas e as práticas sociais/políticas, materiais/econômicas e culturais/discursivas caracterizando certos períodos da reforma VET que emergiam das narrativas dos professores, mas que também haviam sido descritos em trabalhos anteriores sobre períodos históricos da reforma VET. A fim de posicionar as narrativas pessoais dentro da grade histórica das mudanças institucionais, as estórias temáticas contadas pelos professores eram situadas numa linha do tempo (desde o fim do período soviético até hoje), permitindo-nos identificar as maiores mudanças nas práticas e discutir as forças múltiplas das mudanças. Os casos de três professores técnicos foram selecionados para apresentação a fim de exemplificar como carreiras pessoais, posições de identidade e contexto institucional geram uma interação específica e manifestações de atuação. Os casos dos professores demonstram como "períodos de prática" foram construídos nas suas narrativas e como moldaram a sua vida profissional e percepções de si enquanto professores. O anonimato dos respondentes está garantido com o uso de pseudônimos e a remoção das transcrições de todos os detalhes que pudessem estar associados a certos indivíduos ou escolas.

"Períodos de prática" oferecendo janelas diferentes de oportunidade para a atuação de professores técnicos

Com base na análise, podemos sugerir que certos períodos de reforma proporcionaram graus diferentes de atuação para professores individuais moldarem a sua vida profissional e afetarem o espaço educacional. Por outro lado, há variações refletidas nas narrativas pessoais em termos de como o contexto institucional foi percebido e qual impacto exerceu na sua trajetória profissional e profissão. Por exemplo, o período de ajuste liberal após a reconquista da independência caracterizado por falta de regulamentações e modelos de trabalho orientando os professores foi considerado por alguns professores um período de liberdade e oportunidades, por outros um período de caos que complicou o seu trabalho. Embora tal período tenha potencialmente permitido e exigido um forte senso de atuação dos professores técnicos, os fatores contextuais e os recursos pessoais dos professores (como idade e competência dos professores, atitudes de líder escolar) tenderam a variar e afetar a disposição dos professores de atuarem. Os nossos dados também mostraram alguns sinais da temporalidade da atuação dos professores. As estórias dos professores demonstraram que muitas vezes aqueles ativos nos processos de desenvolvimento em âmbito escolar e nacional no início de 2000 também continuaram a se envolver nos processos de desenvolvimento, apesar das mudanças no contexto da sociedade e da reforma. Entretanto, também tivemos casos de professores que se desiludiram com as reformas e adotaram a estratégia da acomodação passiva, executando as suas obrigações diárias sem muito esforço. Os três casos seguintes exemplificam diferentes variações e dinâmicas entre os períodos de prática e atuação pessoal.

Caso de Tiia – Período de ajuste liberal como época de
oportunidades moldando atuação e carreira futura

Tiia havia se formado na universidade em 1993, especializando-se em agricultura, quando foi convidada para a escola técnica onde ainda trabalha. Nunca havia sonhado ser professora ou professora técnica, mas agora acha que foi a carreira perfeita para ela. Os dois primeiros meses foram difíceis porque não existiam materiais de estudo ou livros atualizados disponíveis e ela também não tinha formação pedagógica. Iniciou a carreira durante o período de ajuste liberal no início da década de 1990. Como já mencionamos, essa época pode ser considerada um período de caos e oportunidades ao mesmo tempo. Para os professores, individualmente, o período de ajuste liberal não significou apenas trabalho adicional para elaborar o currículo e materiais de estudo relevantes para o ambiente socioeconômico modificado, mas também para reorientar novas áreas de estudo. Especialmente para os professores que estavam no lugar certo e no momento certo, isso pode ter significado um enorme estímulo para a sua futura carreira. A estória de Tiia exemplifica esse caso. Logo depois de ter começado como professora, a escola técnica recebeu um financiamento sob o projeto Phare para construir uma nova área de estudo: turismo. Tiia, uma jovem que estava apenas começando a carreira, recebeu a oportunidade de liderar esse projeto, o que também significou reorientar-se numa área nova.

> Eu estava apenas começando a ministrar alguns cursos de agricultura... E aí o sistema técnico poderia solicitar recursos financeiros da União Europeia. E a minha escola estava enfrentando um dilema entre agricultura e turismo. Por algum motivo a solicitação foi feita na área de turismo. E depois a nossa escola conseguiu o financiamento e a oportunidade de participar do projeto e desenvolver um programa de turismo na nossa escola. Como uma jovem professora, tive a oportunidade de começar a desen-

volver aquela nova corrente. Foi muito interessante. Tínhamos duas coisas. Uma mudança na área ocupacional e outra coisa – na estrutura daquele projeto os materiais didáticos, os métodos de ensino e os currículos foram desenvolvidos. Foi o meu primeiro contato com o desenvolvimento curricular.

Considerando que nem todas as escolas estavam envolvidas em projetos de modernização como o projeto Phare na metade da década de 1990, calhou de Tiia estar no lugar e no momento certos. Ainda hoje ela valoriza a oportunidade de visitar escolas técnicas em países diferentes e se envolver em treinamentos diversos oferecidos como parte do projeto. Formaram-se laços de cooperação com outros professores da área dentro da estrutura do projeto e depois ela também participou dos processos de desenvolvimento curricular nacionais descendentes.

Não sei... Quando comecei a me comunicar com outros professores de turismo, a cooperação com outras escolas estava formada. O Centro Nacional de Provas estava lá e o Departamento de Educação Técnica... Estavam iniciando a colaboração entre as escolas e os professores estavam reunidos. Tínhamos treinamento contínuo, palestras e dias de treinamento. Começamos a desenvolver juntos o currículo de turismo. Foi então que começaram a comunicação com os empregadores e o envolvimento dos empregadores. E foi aí onde tudo começou. Acho que tive a chance de participar do desenvolvimento curricular em âmbito nacional. Participei do desenvolvimento do currículo de turismo pelo menos três vezes.

Desde a segunda metade da década de 1990, a regulamentação estatal cresceu e processos de reforma paralelos (como o desenvolvimento curricular) foram iniciados, envolvendo maior cooperação com os empregadores. Esses processos de reforma continuaram durante o período de maior padronização (início de 2000), quando o desenvolvimento dos currículos nacionais ganhou mais ímpeto. Porém, as escolas e os professores envolvidos nos projetos Phare tendiam a assumir uma função de liderança nesses processos. O caso de Tiia mostra como a chance de se envolver em situações que demandavam uma atuação expressiva desde muito cedo na carreira moldou a sua trajetória de trabalho e profissionalismo. No momento, ela considera importante participar do desenvolvimento da área, colaborando com colegas e também com empregadores a fim de manter o currículo alinhado aos desenvolvimentos mais recentes da área. Ademais, embora nunca tenha sonhado ser professora, ela está feliz com a escolha. Até mesmo hoje, quando o trabalho dos professores é cada vez mais moldado por regras, padrões e controle burocrático, ela acha que o mais importante é apoiar os alunos e ser humana. Assim, ela se sente no controle da sua vida profissional e pronta para desobedecer às normas administrativas quando necessário.

> Para mim é importante não perder a conexão comigo. Quando começo a seguir algumas regras automaticamente... É claro que a burocracia aumentou... Mas é importante pensar: Por que faço este trabalho? Não é simplesmente para preencher diários, papéis, currículos, planilhas etc. Às vezes até mais importante do que transmitir algum conhecimento ou compartilhar experiências é ser um exemplo ou mostrar que você pode ser humana...

No caso de Tiia, é visível que o início da sua carreira e os desafios relacionados surtiram um efeito significativo no seu profissionalismo e senso de atuação. A sua estória expressa forte atuação tanto no trabalho diário quanto no envolvimento em processos de reforma. A estória a seguir apresenta o caso de Toomas. Embora a sua carreira tenha seguido a mesma trajetória histórica que a de Tiia, a sua narrativa reflete um posicionamento totalmente diferente.

Caso de Toomas – Refletindo memórias nostálgicas do período soviético; regulamentação e padronização percebidas como inibidoras da autonomia e significado do trabalho

Toomas começou a trabalhar como professor na área de carpintaria após formar-se na universidade em 1983, quando a Estônia ainda estava sob domínio soviético. Como Tiia, nunca havia sonhado ser professor. Durante a era soviética, foram distribuídos apartamentos pelos locais de trabalho e uma firma de construção que funcionava como empresa de treinamento forneceu hospedagem aos funcionários da escola. Essa foi uma razão importante para Toomas escolher o magistério. Durante a era soviética não existiam professores técnicos, e sim perfis profissionais diferentes – existiam treinadores oferecendo treinamento prático e professores ensinando teoria. Toomas era responsável por ensinar tópicos teóricos a todas as turmas de carpintaria. As suas narrativas refletem uma nostalgia pela era soviética, caracterizada por alunos mais motivados e professores com mais poder na sua vida profissional. Contrastando com o entendimento geral de uma vida altamente controlada por trás da Cortina de Ferro, para ele as tendências neoliberais na Estônia independente envolviam maior controle e perda de autonomia no trabalho. Contudo, na sua narrativa não há muita menção ao período de ajuste liberal, significando que ele e a sua escola não integravam a primeira rodada dos projetos de modernização. As principais mudanças que ele considerou responsáveis por afetar diretamente a sua vida profissional estavam relacionadas à maior regulamentação do trabalho dos professores desde o período do planejamento estatal no fim da década de 1990 e início da maior padronização no período de pré-adesão (2000). As regulamentações para os professores técnicos introduziram o título de professor técnico e estabeleceram as exigências pedagógicas para os professores técnicos. Portanto, por um lado, isso ampliou a função dos professores técnicos. Toomas, que antes havia ensinado disciplinas teóricas, agora era responsável também por ministrar treinamento prático e as tarefas de um professor em sala de aula. Essa regulamentação também envolveu a exigência de educação superior pedagógica. Assim, após trabalhar como professor por 15 anos, ele de repente precisou voltar à universidade. De acordo com Toomas, somente o cumprimento de algumas formalidades é que não representou uma vantagem para ele enquanto profissional.

> Eu trabalhava como professor aqui por 15 anos e aí descobriram a burocracia... como você pode ser professor se não tem formação pedagógica? Precisei me formar na universidade X. Por que um professor técnico precisa saber aquela história f... da pedagogia? Você só precisa assinalar lacunas; algum registro que precisa fazer. Desculpe, não precisa... Eu tinha reunido uma pilha enorme daqueles certificados de cursos de treinamento contínuo em mais de 33 anos. Tenho pelo menos meio quilo desses certificados. Por que você precisa passar por isso tudo... só para assinalar uma lacuna?

Outro período que afetou o seu trabalho – e, na maioria das vezes, negativamente – foi o período de padronização e europeização desde 2005. Para ele, as funções tinham sido ampliadas ainda mais. Além de aumentarem a burocracia e os trabalhos administrativos, ele acha que uma proporção cada vez maior do seu tempo é usada para desempenhar funções de assistente social ou orientador psicológico ou desenvolver as habilidades gerais dos alunos. Além disso, acha que, contrastando com a ampliação das funções de trabalho, o seu poder de professor autônomo diminuiu. Ao contrário de Tiia, que vivenciou uma atuação expressiva e apropriação das mudanças curriculares, Toomas considera incômodas as mudanças descendentes e a necessidade contínua de adaptar a sua prática de trabalho às novas exigências.

> Aí começaram a construir o programa nacional e você já precisava ensinar de acordo com esse programa. E agora mudam esse programa nacional o tempo todo. Na realidade, o professor que

> deseja permanecer no seu trabalho ou proceder nos termos das suas oportunidades profissionais precisa seguir o tempo todo o que vem de cima. Quais são as tarefas... você não pode pensar com o seu cérebro, porque pessoas de 20 ou 25 anos do Ministério da Educação estão ditando o que você deve fazer...

Está claro que para Toomas o primeiro período após a reconquista da independência não foi um ponto de virada significativo na sua carreira. Ademais, como ele não se envolveu ativamente nas redes criadas como parte das políticas de reforma VET (i. e., desenvolvimento curricular), ele não se sente apropriado das mudanças, embora se sinta muito responsável por educar os alunos e cuidar do seu bem-estar na vida. Entretanto, ele ainda está esperando se aposentar. A sua narrativa reflete que as posturas de atuação podem mudar durante a carreira. Além disso, as mesmas reformas podem ser recebidas de forma diferente por cada professor, levando a posturas de atuação mais ativas ou passivas.

Caso de Marti – Negociando identidades híbridas, experimentando autonomia em contexto de maior padronização

Marti é um professor de TI de 33 anos. Há dez anos, quando era responsável por gerenciar sistemas de informação num hospital, uma escola técnica o convidou para supervisionar alunos. Depois foi convidado para dar aulas na mesma escola técnica. Desde então, compartilha o seu tempo entre o trabalho numa empresa de TI e a escola. Para ele, o mais importante é relacionar o ensino aos problemas práticos que encontra no seu trabalho diário. Embora toda a sua carreira se enquadre no período de maior padronização, ele tem muita autonomia no trabalho e atua expressivamente no desenvolvimento da área de estudo. Em 2007, quando chegou à escola pela primeira vez, o processo de desenvolvimento curricular nacional estatal já havia começado, mas não era visível no contexto escolar cotidiano.

> O currículo que recebi foi uma catástrofe total. Ensinavam tantas coisas arcaicas que dava para ir trabalhar num museu, não no mercado de trabalho ou ter uma formação prática. Eu estava trabalhando contra todas essas exigências e proibições que vinham da administração. Eu as ignorava brutalmente. A maioria dos cursos era assim: eu aproveitava alguns pontos principais (do currículo), mas também falava sobre o que estava acontecendo no mundo real. Sempre conseguia trazer problemas reais do meu trabalho e tentava resolvê-los na prática. Continuo com a mesma filosofia até hoje.

Embora os professores técnicos precisem ter formação superior, ele nunca concluiu a universidade por achar que, na sua área (TI), as habilidades práticas são mais valorizadas do que ter um diploma de ensino superior. Ele constrói a sua identidade ao contrário dos professores típicos, considerando-se mais alguém prático dedicado a transmitir os seus conhecimentos e habilidades aos jovens.

> Talvez seja uma vantagem eu não ter formação de professor. Aceitem ou não, tenho a minha própria abordagem que funciona para mim, e isso é o mais importante. Como outros professores abordam o seu mundo é problema deles. Não vou interferir. Por outro lado, não vou deixar nenhum pedagogo controlar a minha aula.

Ele participa ativamente do desenvolvimento do currículo nacional na área de TI. Participaram desse processo tanto professores técnicos quanto empregadores. Ao descrever o processo, ele vê a sua função como algo que "traz as necessidades e perspectivas dos empregadores". Além de se identificar com a comunidade de ensino técnico, ele está ainda mais ligado à comunidade de técnicos de TI. Por outro lado, argumenta que, se precisasse escolher entre trabalhar na escola e na empresa, escolheria a escola. O trabalho na escola requer autodesenvolvimento constante e novos desafios que ele considera gratificantes. Embora o trabalho dos professores em geral seja cada vez mais regulamentado e padronizado, a sua atuação é considerável na formatação do seu trabalho diário e na formação concedida na sua área. Ele tem um alto nível de autonomia em sala de aula.

> Tudo o que faço no trabalho... Como trabalho, posso decidir... Acho que sou absolutamente independente porque ninguém aqui me substituiria e faço exatamente o que quero...

É possível perceber, considerando o caso de Marti, mas também o de Tiia, que o grau de autonomia e o apoio ou restrição à atuação dos professores dependem do contexto escolar. Ademais, a área também deve ser considerada um fator de estruturação significativo. Na área de TI, os salários oferecidos pelas empresas tendem a ser bem maiores do que aqueles das escolas técnicas. Logo, um tratamento especial pode ser concedido aos professores de TI (p. ex., a exigência de formação superior não é seguida tão estritamente). Por outro lado, fica claro que, desde o início da sua carreira de professor, Marti desobedece às regras e cria as suas próprias práticas e modelos de ensino. Embora no começo da sua carreira a atuação tenha se manifestado ao assumir posturas críticas e ignorar as regras, agora ele também participa do desenvolvimento curricular.

Discussão

As três descrições de professores técnicos foram selecionadas para apresentar a interação com o contexto institucional relacionado a fases diferentes da reforma VET, assim como à disposição pessoal e atuação dos professores. Sugerimos que certos períodos de prática estão visíveis e podemos considerar que permitem graus diferentes de atuação. Por exemplo, o período de ajuste liberal no início da década de 1990 propiciou muita liberdade às escolas e aos professores, abrindo espaço para a atuação dos professores.

As nossas entrevistas também revelaram que períodos de reforma diferentes tiveram percepções e respostas diferentes. Podemos concluir que, no contexto de 25 anos do processo de reforma educacional, as políticas e exigências introduzidas sofreram uma refração em níveis diferentes (GOODSON; RUDD, 2017), inclusive naqueles da área técnica, escolas e professores individualmente. Apesar de períodos ou estágios diferentes no processo de reforma VET poderem ser caracterizados por certas ideologias e abordagens de aprendizagem, pelas condições materiais (infraestrutura, materiais didáticos) e pela estrutura institucional sociopolítica que moldam o trabalho e o profissionalismo dos professores, essas condições tendem a variar em áreas e escolas diferentes. Por exemplo, o caso de Tiia demonstra que o período de ajuste liberal poderia ser um momento de oportunidades, abrindo espaço para a atuação dos professores. Por outro lado, nem todas as escolas e professores vivenciaram isso, como o caso de Toomas mostra. As escolas e também os professores tenderam a ocupar posições desiguais naquele período. Os nossos dados corroboram os estudos prévios, indicativos de que os professores de escolas onde os primeiros projetos de modernização ocorreram e que em geral estavam iniciando a sua carreira quando a reorganização do sistema VET começou na década de 1990 obtiveram mais êxito ao se adaptarem às políticas da reforma VET e se sentem apropriados das mudanças educacionais (REKKOR et al., 2013; ÜMARIK, 2015). Os recursos individuais, sociais, culturais e materiais dos professores, como competência, fase da carreira, relações e redes, liderança escolar e cultura prevalente nas escolas, exercem a função de permitir ou impedir a atuação dos professores, como já foi comentado (ex.: BIESTA et al., 2015; VÄHÄSANTANEN, 2015).

Os dados das nossas entrevistas também mostraram que o início da carreira dos professores pode ser decisivo na formação de crenças e práticas atuais. De acordo com Ben-Peretz (2002), certos eventos no início da carreira dos professores podem se tornar significativos em termos de desenvolvimento da memória profissional e prática futura. Especialmente no caso de Tiia, é claro que a atuação ocorrida no início do período de ajuste foi levada às próximas fases da carreira. A memória profissional também se relaciona à construção de identidades profissionais e entendimento de si mesmo(a) num contexto de mudanças e convivência com o trabalho (GOODSON; MOORE; HARGREAVES, 2006). O caso de Toomas mostrou que mudanças no contexto (processos rápidos de reforma) podem impulsionar os professores a reinterpretar as suas posturas e levar a um envolvimento mais débil.

Em geral, considerou-se que as políticas de reforma neoliberais introduzidas propiciavam autonomia para as escolas na gestão do currículo e dos recursos. Por outro lado, também responsabilizavam as escolas pelo sucesso acadêmico dos alunos e diante dos pais (DAY, 2017). Isso reduz a autonomia de cada professor nas suas decisões em sala de aula. O nosso estudo revelou que, embora os professores sejam restringidos pelo conteúdo do seu trabalho, eles ainda podem ter liberdade na sua prática de ensino diária. Ademais, o nosso estudo demonstrou que os professores participantes dos processos de desenvolvimento também se sentiam apropriados das mudanças, enquanto outros sentiam dificuldade em entender as exigências em constante mutação resultantes das políticas de reforma paralelas introduzidas. O entendimento das mudanças foi considerado um fator essencial na adoção das mudanças (SPILLANE et al., 2002) e na geração de mudanças educacionais sustentáveis na escola. Os líderes escolares desempenham uma função decisiva na facilitação do processo de entendimento ao conectarem a tradição às inovações educacionais implementadas, criando culturas de aprendizagem colaborativa nas escolas (BROUWER et al., 2012; SEASHORE LOUIS; ROBINSON, 2012) e permitindo a atuação do professor. A atuação, por outro lado, está relacionada ao comportamento profissional, compromisso organizacional, satisfação e bem-estar do professor no trabalho (VÄHÄSANTANEN, 2015).

Argumentamos há muito tempo que o estudo das histórias de vida dos professores nos permite investigar a complexidade da atuação do professor (GOODSON, 2013). Neste estudo, a abordagem narrativa de histórias de vida aplicada nos permitiu traçar a natureza multidimensional da atuação. Num sentido mais geral, as narrativas dos professores fornecem um retrato geral da transição do comunismo para o neoliberalismo. Um mantra comum é que o comunismo combinava um regime de planejamento severo e descendente com um senso reduzido de atuação pessoal. O neoliberalismo trouxe mercados livres e maior atuação pessoal. O enredo nem sempre funciona quando investigamos as narrativas dos professores. De fato, os últimos estágios do neoliberalismo trouxeram microgestão administrativa, procedimentos complexos de responsabilização e um senso reduzido de atuação pessoal. Ao estudar as narrativas dos professores, conseguimos investigar narrativas sistêmicas mais amplas e suas "afirmações da verdade". Aí então começamos a desvendar a complexidade das respostas dos professores às mudanças sistêmicas.

Agradecimentos

Este capítulo faz parte do projeto de pesquisa nacional IUT18-2 "Profissão e profissionalismo do professor num contexto de mudanças (01/01/2014-31/12/2019)" patrocinado pelo Conselho de Pesquisa Estoniano. Agradecemos aos professores técnicos entrevistados e também aos nossos colegas Meidi Sirk e Maret Aasa, que participaram da condução das entrevistas.

Referências

BEN-PERETZ, M. (2002). Retired teachers reflect on learning from experience. *Teachers and Teaching*, 8(3), p. 313-323.

BERGER, P.L.; LUCKMANN, T. (1967*). The social construction of reality: A treatise in the sociology of knowledge*. Garden City: Doubleday.

BIESTA, G.; PRIESTLEY, M.; ROBINSON, S. (2015). *The role of beliefs in teacher agency – Teachers and Teaching: Theory and Practice*, 21(6), p. 624-640.

BROUWER, P.; BREKELMANS, M.; NIEUWENHUIS, L.; SIMONS, R.-J. (2012). Communities of practice in the school workplace. *Journal of Educational Administratio*n, 50(3), p. 346-364.

BROWN, A.D.; HUMPHREYS, M. (2002). Nostalgia and the narrativization of identity: A Turkish case study. *British Journal of Management*, 13, p. 141-159.

CRESWELL, J. (2013). *Qualitative inquiry and research design*. Londres: Sage.

DAY, C. (2017). *Teachers' worlds and work: Understanding complexity building quality*. Londres/Nova York: Routledge.

ESTONIAN MINISTRY OF EDUCATION AND RESEARCH (2009). *Development plan for the Estonian vocational education and training system, 2009-2013*. Tallinn: Estonian Ministry of Education and Research.

GIDDENS, A. (1984/1991). *The constitution of society*. Cambridge: Polity.

GOODSON, I.F. (ed.) (2013). *Studying teachers' lives*. Londres/Nova York: Routledge.

GOODSON, I.; MOORE, S.; HARGREAVES, A. (2006). Teacher nostalgia and the sustainability of reform: The generation and degeneration of teachers' missions, memory, and meaning. *Educational Administration Quarterly*, 42(1), p. 42-61.

GOODSON, I. F.; RUDD, T. (2017). The limits of neoliberal education – Refraction, reinterpretation and reimagination. In: RUDD, T.; GOODSON, I.F. (eds.). *Negotiating neoliberalism – Developing alternative educational visions*. Roterdã/Boston/Taipei: Sense, p. 183-200.

GROOTINGS, P. (1998). *Kutsehariduse reformi arengusuunad Eestis*. Tallinn: Sihtasutus Eesti Kutsehariduse Reform.

HARGREAVES, A. (2005). Educational change takes ages: Life, career and generational factors in teachers' emotional responses to educational change. *Teaching and Teacher Education*, 21(8), p. 967-983.

KEMMIS, S.; GROOTENBOER, P. (2007). Situating praxis in practice: Practice architectures and the cultural, social and material conditions for practice. In: KEMMIS, S.; SMITH, T.J. (eds.). *Enabling praxis: Challenges for education*. Roterdã, Taipei: Sense, p. 37-62.

KUTSEÕPETAJA STATUUT (1995). RTL 1995, 49, 0 [Disponível em http://www.estlex.ee/tasuta/?id= 8&aktid=15092&fd=1&asutus=47&grupp=3].

KUTSESEADUS (2000). RT I 2001, 3, 7 [Disponível em https://www.rii giteataja.ee/akt/26716].

LOOGMA, K. (2016). Europeanization in VET policy as a process of reshaping the educational space. *International Journal for Research in Vocational Education and Training*, 3(1), p. 16-28.

LOOGMA, K.; ÜMARIK, M.; SIRK, M.; LIIVIK, R. (2019). How history matters: The emergence and persistence of structural conflict between academic and vocational education: The case of Post-Soviet Estonia. *Journal of Educational Change*, 20(1), p. 105-135.

NEUDORF, R.; ANNUS, T.; ORRO, L.; JÕGI, K. (1997). *National Observatory Country Report – Report on the vocational education and training system*. Estônia: National Observatory of Estonia/European Training Foundation.

PRIESTLEY, M.; RICHARDS, E.; PRIESTLEY, A.; MILLER, K. (2012). Teacher agency in curriculum making: Agents for change and spaces for manoeuvre. *Curriculum Inquiry*, 42(2), p. 191-214.

REKKOR, S. (2011). Curricula reform in vocational education in Estonia. Trabalho apresentado na conferência internacional: *Innovations for Competence Management*. Conference Proceedings, Lahti, Finlândia.

REKKOR, R.; ÜMARIK, M.; LOOGMA, K. (2013). Adoption of national curricula by vocational teachers in Estonia. *Journal of Vocational Education and Training*, 65(4), p. 489-506.

RIESSMAN, C.K. (2008). *Narrative methods for the human sciences*. Londres/Thousand Oaks/Nova Delhi: Sage.

ROBINSON, S. (2012). Constructing teacher agency in response to the constraints of educational policy: Adoption and adaptation. *Curriculum Journal*, 23(2), p. 231-245.

ROSSITER, M. (1999). A narrative approach to development: Implications for adult education. *Adult Education Quarterly*, 1999 (1), p. 56-71.

SAHLBERG, P. (2010). Rethinking accountability in a knowledge society. *Journal of Educational Change*, 11(1), p. 45-61.

SEASHORE LOUIS, K.; ROBINSON, V.M. (2012). External mandates and instructional leadership: School leaders as mediating actors. *Journal of Educational Administration*, 50(5), p. 629-665.

SIRK, M.; LIIVIK, R.; LOOGMA, K. (2016). Changes in the professionality of vocational teachers as viewed through the experiences of long-serving vocational teachers in Estonia. *Empirical Research in Vocational Education and Training*, 8(13), p. 1-26.

SPILLANE, J.P.; REISER, B.J.; REIMER, T. (2002). Policy implementation and cognition: Reframing and refocusing implementation research. *Review of Educational Research*, 72(3), p. 387-431.

ÜMARIK, M. (2015). *Adopting reform policies in vocational education and training: The case of post-Soviet Estonia*. Tallinn: Tallinna Ülikool [Tese de doutorado].

ÜMARIK, M.; GOODSON, I. (2018). Nostalgia in the narratives of vocational teachers as a way of understanding responses to change. *Critical Studies in Education*, p. 1-16.

VÄHÄSANTANEN, K. (2015). Professional agency in the stream of change: Understanding educational change and teachers' professional identities. *Teaching and Teacher Education*, 47, p. 1-12.

VÄHÄSANTANEN, K.; ETELÄPELTO, A. (2011). Vocational teachers' pathways in the course of a curriculum reform. *Journal of Curriculum Studies*, 43(3), p. 291-312.

ZELLOTH, H. (2003). *Country monograph on vocational education and training system and structure and public and private employment services in Estonia*. Tallinn: Estonian National Observatory.

10
Explorando o conhecimento profissional do professor: construção de identidade e comunidade

I.F. Goodson
A.L. Cole

Mas o indivíduo, seja qual for a idade, está sujeito às leis usuais da óptica. Ainda que sejamos periféricos na vida das pessoas, cada um de nós sempre é um ponto central em torno do qual o mundo inteiro gira em perspectivas radiantes (LURIE, A. *Foreign Affairs*, 1984).

Um ponto de partida deste capítulo é a crença de que, se precisarmos desenvolver modelos valiosos de desenvolvimento do professor, primeiro precisamos escutar atentamente a voz do professor. Precisamos continuar, quase obsessivamente, esse ato de escuta. Portanto, julga-se que a melhor maneira de desenvolver modelos sensíveis de desenvolvimento profissional é em primeiro lugar escutar os profissionais cujo desenvolvimento é a meta. Esse processo de escuta sensível tem sido defendido em vários níveis recentemente. Por exemplo, um corpo de trabalho emergente recomenda sugestivamente o desenvolvimento de estudos de caso colaborativos, estórias de vida e narrativas que busquem extrair o conhecimento prático pessoal do professor (ex.: CONNELLY; CLANDININ, 1988; 1990) ou o "conhecimento do conteúdo pedagógico" do professor (SHULMAN, 1986; GROSSMAN, 1990; GUDMUNDSDOTTIR, 1990).

A visão apresentada neste capítulo é que, embora representem um início valioso para nos sensibilizar à voz do professor, essas abordagens podem encorajar uma visão parcial demais do conhecimento do professor. A pesquisa descrita aqui sugere que o conhecimento prático pessoal ou o conhecimento do conteúdo pedagógico são somente uma parte do "conhecimento profissional" dos professores. Esse conhecimento profissional vai além do pessoal, prático e pedagógico. Confiná-lo aí é falar com a voz do fortalecimento, ainda que seja algo definitivamente enfraquecedor. Definir o conhecimento dos professores em termos da sua localização nos confins da sala de aula é limitar seu potencial e seu uso.

O nosso trabalho aponta uma série de níveis onde o conhecimento profissional dos professores pode ser discernido. Certamente é verdade que há um espectro de conhecimento prático e pedagógico de vital importância para entendermos a conduta do professor em sala de aula. Mas além disso constatamos a existência de um espectro de conhecimento de muita importância que lida com as realidades micropolíticas e contextuais da vida escolar. Tal conhecimento é criticamente importante em especial porque esses fatores micropolíticos e contextuais afetam as vidas e arenas onde são utilizados os conhecimentos pedagógicos e práticos pessoais.

Origem e contexto

O nosso estudo sobre desenvolvimento e conhecimento profissional dos professores envolveu sete instrutores em tempo integral recém-contratados numa faculdade comunitária no sudoeste de Ontário, Canadá. O sistema de faculdade comunitária no Canadá começou durante as décadas de 1960 e 1970 para atender as crescentes demandas por trabalhadores técnicos capacitados e como resposta à explosão populacional pós-guerra. Essas faculdades são livremente definidas como instituições pós-secundárias que não concedem títulos de formação. São regidas por um conselho de representantes da comunidade local e oferecem programas que refletem os interesses regionais. O maior sistema de faculdades no Canadá se encontra em Ontário, onde há 23 faculdades comunitárias atendendo mais de 100 mil alunos pós-secundários em tempo integral, com matrículas em meio período para mais de 700 mil.

Há aproximadamente 6 mil funcionários em tempo integral empregados no sistema de faculdades comunitárias. Como grupo, os professores da faculdade são únicos. Quase sem exceção, o magistério não é a sua primeira carreira. A maioria é contratada devido à sua experiência de trabalho prático e ingressa no cenário da faculdade comunitária vindo de alguma área de empresas, indústrias, tecnologia, comércio ou de profissões. Não recebem uma preparação formal para ensinar, mas espera-se que desempenhem todas as funções e responsabilidades associadas a um professor.

A fim de entender melhor o que significa tornar-se professor numa faculdade comunitária, nós (Goodson e Cole, além de Fliesser, consultor curricular da faculdade) convidamos um pequeno grupo de professores em tempo integral recém-contratados da faculdade comunitária para participarem conosco, explorando por dois anos as suas experiências, desenvolvimento e socialização enquanto instrutores da faculdade comunitária. Como a maioria dos professores da faculdade comunitária, eles ingressaram na faculdade "recém-colhidos da horta". Para cada um, ensinar numa faculdade comunitária representou uma mudança na carreira e no cenário profissional.

Os professores

Bill é chefe de ensino no Departamento de Artes Aplicadas. Catherine e Ann são educadoras infantis com experiência de vários anos na área, Ann como diretora de uma creche e Catherine como artista performática. Brian é tecnólogo arquitetônico; Karen é técnica de produções para a televisão; Jim é engenheiro industrial; e Nadia é engenheira química. A formação de Linda foi em serviço social e ela entrou na faculdade para ensinar no Departamento de Ciências Humanas e Sociais. (Infelizmente, por motivos alheios ao projeto, Linda não conseguiu participar durante os dois anos.)

Estudar a socialização e o desenvolvimento dos instrutores foi especialmente interessante porque eles não haviam passado por nenhum programa convencional de preparação de professores. Logo, conseguimos observar as suas respostas "em ação" ao novo local de trabalho educacional. Enquanto nós os acompanhávamos nos dois primeiros anos de ensino, eles lutavam para definir o(s) seu(s) novo(s) papel(papéis) e contextos e para se entenderem como professores no cenário da faculdade comunitária. Embora nem sempre explicitamente articulado, eles pareciam gastar boa parte do seu período de admissão buscando respostas para perguntas como: O que significa ser professor? O que significa ser parte de uma comunidade profissional nova? Como definir os limites da minha comunidade profissional nova? Como posso ser parte da comunidade? Para desenvolver um entendimento das suas respostas a essas perguntas e fundamentá-lo num contexto mais completo para cada pessoa, empregamos o método das histórias de vida e particularmente a entrevista com histórias de vida (para uma discussão abrangente do trabalho com histórias de vida, cf. GOODSON, 2008).

Desenvolvimento do professor, vida do professor

O desenvolvimento do professor é caracterizado de várias maneiras. Fuller e Bown (1975), por exemplo, propõem que professores novos progridam através de uma série de estágios de desenvolvimento baseados em preocupações, começando com ações pautadas em preocupações autocentradas referentes a sobrevivência até ações pautadas em preocupações com os alunos e questões curriculares. Ryan (1986) sugere que os professores iniciantes passem pelos estágios de "fantasia", "sobrevivência", "domínio" e "impacto". Burker, Fessler e Christensen (1984) caracterizam o desenvolvimento do professor num modelo de ciclos de carreira. Huberman (1989) reflete a nossa insatisfação e a insatisfação dos outros com tais caracterizações generalizadas:

> Tendências modais como essas são suspeitas. Se reunidas, provavelmente não descreveriam um indivíduo único numa amostra, mas somente pedaços de subgrupos. De fato, são construtos normativos que nos permitem manter uma ordem analítica na mente até que possamos lidar com mais diferenciação e complexidade (HUBERMAN, 1989, p. 53).

Um foco mais recente na vida e biografia pessoal do professor consequentemente levou a conceituações do desenvolvimento do professor enraizado no "pessoal" (ex.: BULLOUGH; KNOWLES; CROW, 1991; BUTT; RAYMOND, 1987; CLANDININ, 1986; CONNELLY: CLANDININ, 1990; KNOWLES, 2013; KNOWLES; HOLT-REYNOLDS, 1991). Outros estudos defendem um modo pessoal conectado a parâmetros contextuais mais amplos (ex.: APPLE, 1986; BALL; GOODSON, 1989; COLE, 1990; 1991; GOODSON, 1980; 1988; 1989; 1990; ZEICHNER; GRANT, 1981; ZEICHNER; TABACHNICK, 1985).

Para uma perspectiva ampliada no desenvolvimento do professor

O nosso conceito de desenvolvimento do professor se origina tanto do pessoal quanto do profissional. Consideramos os professores pessoas e profissionais cuja vida e trabalho são influenciados e se tornam significativos graças a fatores e condições dentro e fora da sala de aula e da escola. Eventos e experiências passados e presentes que acontecem em casa, na escola e na esfera social mais ampla ajudam a formar a vida e a carreira do professor. O modo pelo qual os professores interpretam a sua realidade profissional e experimentam a sala de aula é um processo contínuo de interpretação pessoal e contextual. Neste trabalho, também desenvolvemos esse conceito. Vamos além das noções principalmente pessoais, práticas e pedagógicas para definir um conceito mais amplo de conhecimento profissional e desenvolvimento do professor que situe os professores nas realidades micropolíticas e contextuais mais amplas da vida escolar.

Em nosso estudo sobre o desenvolvimento e a socialização de sete professores novos de faculdades comunitárias, um padrão de desenvolvimento do professor emergiu, refletindo claramente uma qualidade transicional nas percepções que os professores tinham das suas experiências. Caracterizamos o aspecto pessoal do seu desenvolvimento como uma luta para estabelecer a identidade profissional; o contexto, nós caracterizamos em termos de definição de limites para a comunidade profissional. O desenvolvimento pessoal/profissional dentro desse contexto definido pessoalmente, descrevemos em termos de pertencimento.

Dois focos analíticos interligados são empregados quando analisamos essas questões sobre desenvolvimento profissional:

1) Construção de identidades profissionais.

2) Construção de comunidades profissionais.

Observação sobre o método – Para ilustrar o nosso conceito de conhecimento profissional e desenvolvimento do professor, usamos pensamentos, ideias e observações que os professores nos forneceram durante o período de dois anos. Em especial, nós nos pautamos em informações coletadas numa série de entrevistas com histórias de vida com cada professor e discussões em grupo quinzenais que ocorreram durante o estudo. Essas sessões em grupo foram o principal ambiente coletivo para os professores expressarem suas opiniões e preocupações e manifestarem suas perspectivas em desenvolvimento. Devido ao nosso compromisso em patrocinar a voz do professor e aprender com aquilo que os professores têm a dizer, boa parte do que vem a seguir são excertos de entrevistas e discussões entre os professores. Tentamos interferir o mínimo possível com comentários. Nem todas as vozes dos professores são ouvidas individualmente neste trabalho, porém. Selecionamos excertos das entrevistas com histórias de vida e discussões em grupo que pareceram especialmente ilustrar o que apresentamos aqui. Como o grupo inteiro participou das discussões quinzenais, todos os sete professores (oito, quando Linda ainda integrava o projeto) de fato são representados, embora frequentemente como uma voz coletiva.

Articulando a ligação entre identidade e comunidade

Para ensaiar a natureza interligada dos nossos dois temas analíticos, começamos com uma passagem extensa de uma entrevista com Karen, que, no momento da entrevista, havia deixado há pouco tempo o seu emprego em produção técnica numa emissora de televisão nacional e ingressado na faculdade comunitária para ser professora na sua área de conhecimento prático. Citamos de forma abrangente para captar a essência da ligação entre conceitos de identidade profissional e comunidade profissional.

> **Karen:** Comecei [na emissora de televisão] em 78 e depois me casei. [Meu marido e eu] éramos amigos porque trabalhávamos numa equipe. Ele era editor. Eu era amiga de todos na equipe. Era eu que fornecia as fitas. E íamos almoçar juntos, todos nós, então eu conhecia todo mundo.
> **Ivor:** Você era a única mulher?

Karen: Sim, exceto pelas secretárias que trabalhavam no escritório e agendavam os programas em horários diferentes. No turno da noite, íamos lanchar e tomar uma cerveja depois do expediente às 11h. [O pessoal da equipe] ficou meu amigo. Alguns tinham namoradas, então se formou um grupo. Comecei a namorar o Jim. Casamos em 82 e compramos a nossa casa em 83. Nossa filha nasceu em 84.

Depois que casamos, passei das gravações para a produção. Pedi à responsável pelos serviços de produção, disse que estava bem no setor de gravações, mas queria aprender mais e gostaria de entrar para a produção. Acho que eu queria usar mais a criatividade. As gravações eram criativas, mas você também ficava apertando botões para outra pessoa. Tinha um produtor que vinha e dizia: "Corte este item e edite aquele item". Ele/a sentava ao seu lado e dizia: "Edite ali. Vamos colocar esta música". Era um pouco frustrante. Aí pensei: "Vou para o lado [da produção] e ver como é por um tempo. Como eu sei editar, isso pode ajudar". Então fui para a produção e me ofereceram um emprego.

Primeiro você precisa passar por outro treinamento, como assistente de roteiro e depois como assistente de produção. O assistente de roteiro fica na sala de controle cronometrando os programas. Tendia a ser um pouco mais burocrático do que eu gostaria. Não sou o tipo de pessoa burocrática, mas com certeza aprendi a cronometrar um programa – fiz [dois telejornais] – e certamente sei como é entrar ao vivo com um programa novo. É muito empolgante.

Tudo é uma questão sindical [na emissora], então tudo é classificado na escala do sindicato. Passar das gravações para a produção era essencialmente um movimento lateral, mas como há apenas três grupos [de classificação trabalhista] na produção, eu subi para o terceiro grupo.

Ardra: Então você estava no grupo mais alto?

Karen: Sim, no alto do grupo de assistentes de roteiro. E aí trabalhei [num programa de notícias e informações à tarde] onde me tornei o que chamam de produtora de serviços. Por causa de cortes no orçamento, você não ganhava nada a mais por isso, mas a função profissional ainda existia, e ainda treinavam as pessoas para ela. Eu gostava, então não me preocupava com o dinheiro.

Eu era um tipo de produtora que supervisiona o departamento de gravações. Era um cenário perfeito para mim porque era produção; e ainda assim eu estava no departamento de gravações com todos os caras antigos, a gangue. O meu trabalho basicamente era organizar e coordenar todo o departamento de gravações para aquele programa em especial. Você fica lá de manhã até sair do ar e depois volta e se prepara para o dia seguinte. E era ali que eu estava quando saímos em junho de 88.

Ardra: Jim estava onde?

Karen: Jim era editor, um dos principais editores. Então ele começou com [um noticiário nacional no horário nobre]. Quando casamos em 82, fui para a produção. Ao mesmo tempo, ele foi [para o noticiário] que na época era um setor bem afastado do setor de gravações. Supostamente, os editores "de elite" iam trabalhar naquele programa porque era novo, com equipamentos novos. Tinham que trabalhar muito mais e passavam a ser mais diretores/editores de produção fazendo bem mais do que uma edição pura. Ele ficou [naquele programa] até sairmos. Ficou lá sete anos.

No inverno de 87 começamos a pensar em sair. Eu estava ficando cansada [do programa da tarde], mas não tinha outro emprego em vista. É como se tivessem arrancado a escada e eu não sabia aonde ir. Poderia ter entrado num emprego de produtora, mas o trabalho não era tão diferente. E não era uma ascensão na carreira. Não iria ganhar mais. Não teria mais prestígio. Era simplesmente outro emprego. Não me interessou. A administração era a única outra área e, como existem dezenas de administradores, não tinha um nicho onde eu via que poderia entrar.

Então o trabalho estava ficando meio deprimente e estávamos ficando um pouco estagnados ali. Embora o meu marido estivesse feliz no [noticiário] – as pessoas eram boas, ele adorava o programa, os equipamentos – o chefe dele era do departamento antigo e tinha uma rivalidade entre ele e o supervisor do outro departamento. Então aconteciam muitos problemas de falta de estímulo, traições e coisas terríveis que acabavam estragando tudo para algumas pessoas de lá.

Foi uma época em que o Jim estava ficando frustrado com a política da empresa – na maioria das vezes a política, nada mais. E eu estava ficando cansada porque eu não tinha outro lugar aonde ir. Não existiam programas novos. Um programa novo teria sido ótimo porque começaria tudo de novo (Entrevista, agosto de 1989).

Como o caso de Karen ilustra, os professores entravam no cenário da faculdade comunitária com conceitos já bem-desenvolvidos tanto de comunidade profissional quanto de identidade profissional – antecessores das novas noções de identidade e contexto profissional que viriam a desenvolver. Depois de dez anos, Karen, por exemplo, deixou a comunidade de transmissão visual. Enquanto trabalhou lá, desenvolveu laços pessoais e profissionais fortes, adquiriu conhecimento considerável das políticas de trabalho da empresa e obteve experiência e conhecimento na sua área de trabalho. Começando no degrau mais baixo, ela conseguiu subir a escada corporativa até que a escada foi "arrancada". Na sua leitura do seu contexto de trabalho, ela não via outras possibilidades para o tipo de expressão criativa e autonomia profissional que achava necessárias. E assim, ansiosa por um desafio novo, Karen optou por uma mudança e por integrar uma nova comunidade profissional de professores da faculdade comunitária.

A mudança nas funções profissionais/carreira e a entrada em uma nova comunidade profissional iniciaram um processo de redefinição. Num período de transição e ajuste, Karen e os outros precisaram reconstruir as suas noções de autoidentidade profissional e desenvolver novos entendimentos sobre a sua nova comunidade de trabalho. Enquanto os acompanhávamos no processo, tentando entender a reconstrução pessoal/profissional que acontecia, uma imagem de círculos concêntricos em expansão se apresentou para nós. Enquanto ouvíamos e conversávamos com os professores, captamos um sentido claro de movimento para fora, tanto conceitualmente em termos de como definiam a(s) sua(s) nova(s) função(funções) no contexto de trabalho novo quanto fisicamente, já que participavam mais de atividades fora das salas de aula. Eles pareciam rechaçar os limites do seu pensamento sobre o que significa ser professor numa faculdade comunitária e também os limites que definiam a sua comunidade de trabalho.

Os limites que inicialmente definiam os conceitos pessoais dos professores a respeito de comunidade eram estreitos e apertados. No início, o ambiente profissional era a sala de aula. Com o passar do tempo, essa noção se ampliou, abrangendo uma quantidade crescente de territórios fora da sala de aula até o conceito que os professores tinham de comunidade finalmente incluir a faculdade comunitária de forma ampla. Similarmente, o processo de redefinição da autoidentidade profissional primeiro envolveu uma mudança gradual de ver a si mesmo como alguém definido principalmente pela profissão anterior até ver a si mesmo como professor. E, na nova estrutura conceitual, os professores expandiram gradualmente as suas ideias sobre o que significa ser professor. Mais adiante trataremos esses dois focos analíticos separadamente.

Construindo identidades profissionais

Com cada professor, mudanças qualitativas na autopercepção ocorreram ao longo do tempo. Eles não ingressaram na faculdade comunitária considerando-se professores. Cada um tinha uma identidade profissional anterior enraizada num contexto profissional prévio. Uma mudança progressiva na envergadura e na profundidade foi evidenciada nas entrevistas individuais e nas discussões em grupo em que os professores definiam e redefiniam as suas funções e viam-se como professores. Excertos de duas entrevistas com histórias de vida ilustram como os professores começaram a ensinar sem ainda "se sentirem professores", sem se considerarem professores. Essas entrevistas ocorreram antes ou bem no começo do primeiro período do primeiro ano.

> **Karen:** A ideia de ensinar [no momento de decidir sobre uma primeira carreira] era "Ensinar o quê? O que vou ensinar?" Ensinar alunos, me expor para a turma. Eu não conseguia ver isso como o trabalho que eu queria fazer. Eu ainda não consigo pensar como professora. Não consigo olhar para o calendário e dizer: "As provas no meio do período valem tal porcentagem; 25% precisam ser de notas escritas; e quando vou redigir a prova?" Eu ainda não reuni provas ou projetos nem pensei quantas semanas [tenho para trabalhar]. Eu fico olhando para o calendário e pensando: "Quantas semanas este semestre tem?" Eu ainda não penso como aquele processo de pensamento de uma professora no que diz respeito a um planejamento de longo prazo do currículo... Acho que obviamente depois de um ano vou conseguir falar: "Não funcionou. No ano que vem vou ensinar adicionando aquilo e encurtando aquilo outro, aumentando essa parte e talvez vou passar mais tempo fazendo isso". Aí vou saber, mas agora... (Entrevista, agosto de 1989).
>
> **Brian:** [Quando comecei] eu achava que me sentia como um professor – professor de Tecnologia Ar-

quitetônica – porque eu tinha aprendido [o conteúdo] do que tinha que ensinar. Eu tinha estado na indústria por vários anos, então eu achava que tinha alguma coisa. Eu me sentia confiante no meu cargo. Não estou dizendo que já me sentia como um professor, mas eu me sentia seguro no meu cargo [a respeito de conhecimento do conteúdo] (Entrevista, setembro de 1989).

Inicialmente, os professores pareciam estar se esforçando em metas de prática melhorada numa visão estreita e técnica do ensino, sendo a sua pressuposição implícita: "Tenho conhecimento do conteúdo, então serei professor assim que dominar certas habilidades técnicas para ensiná-lo". Nas primeiras discussões em grupo, facilitadas pelo consultor curricular na faculdade, os professores concentraram as conversas nos aspectos técnicos do ensino. Excertos das nossas notas de campo ilustram:

> O grupo explorou possibilidades de lidar com alunos difíceis. Também discutiu como lidar com trabalhos não concluídos. Brian perguntou sobre o uso apropriado de transparências e projetores, tópico que gerou muita discussão. Isso ocasionou mais conversas sobre o uso de folhetos didáticos e outros materiais de apoio (Notas de campo, setembro de 1989).

> Havia uma preocupação quase unânime sobre tempo e organização. A preparação das aulas e a construção dos textos foram consideradas especialmente demoradas... Karen manifestou preocupação sobre como coordenar grupos na sala de aula. Ela também está tentando individualizar a instrução, mas está tendo problemas para entender o que precisa ensinar durante um tempo (Notas de campo, outubro de 1989).

Mudanças qualitativas no pensamento, porém, ocorreram com o passar do tempo. Como indicam as duas passagens a seguir, mudanças na natureza e no conteúdo das discussões em grupo indicaram uma redefinição contínua das ideias dos professores sobre o que significa ensinar. Podemos interpretar uma mudança para um foco em questões curriculares, processo de ensino-aprendizagem e discussões de filosofias de ensino diferentes quando os professores começam a se ver como pedagogos, e não meros técnicos. Estas notas de campo foram escritas durante duas discussões em grupo no primeiro ano, uma no fim do primeiro período e a outra no início do segundo período.

> Ann sugeriu compartilhar um pouco o que estava acontecendo na sua aula. Os alunos estavam fazendo apresentações que, segundo ela, estavam indo muito bem. Mas ela queria saber como melhorar as apresentações para que todos os alunos pudessem aproveitá-las. Em outras palavras, como as apresentações poderiam ser usadas como ferramentas de ensino-aprendizagem? "Como posso ensinar com [os alunos], e não para eles?" (Notas de campo, dezembro de 1989).

> O assunto mudou para a avaliação dos alunos em situações de aprendizagem cooperativa. Brian sugeriu compartilhar algumas das suas ideias sobre usar avaliações dos colegas como atividade de incentivo aos grupos. Foram feitas várias sugestões sobre o uso de trabalhos em grupo e aprendizagem cooperativa. Então Ann fez uma pergunta sobre a função do professor numa situação de aprendizagem independente. A discussão se voltou à questão da imagem do professor – como diretor, narrador, facilitador. Todos parecem estar em conflito com a imagem do que deve ser um professor, o que as suas salas de aula devem ser e qual é a sua função na sala de aula. Brian expôs a sua perspectiva de que, apesar da tendência inicial de querer "ensinar", não tem problema "orientar" (Notas de campo, janeiro de 1990).

As passagens a seguir, de uma entrevista com Karen na metade do seu primeiro ano, são particularmente ilustrativas do processo de reidentificação. Ela reflete sobre como o seu pensamento sobre o ensino mudou, articula alguns dos seus conceitos em desenvolvimento sobre a própria função e espera por mais mudanças e expansão da função ao longo do tempo.

> **Karen:** Eu achava que estava ensinando porque conhecia sobre televisão e era o que eu ensinava. Sempre que eu falava a palavra "ensino", no fundo eu ainda pensava: "eu ensinando?" Os amigos diziam: "você é professora?" Todo mundo se lembra dos professores do ensino médio, do fundamental ou da faculdade. E isso me confundiu por um tempo. Mas depois eu pensava: "Sim, estou aqui porque sei o que estou falando".
>
> Quando fui contratada, estava animada. Consegui um emprego de professora numa faculdade. [Pensei] "É a melhor profissão." Algo que nunca me imaginei fazer. E era perfeito. Era exatamente o que eu precisava ou queria fazer. Nunca pensei: "É, um dia quero ser professora de uma faculdade". Porém, foi o acúmulo da minha experiência na televisão...
>
> Gosto de estar com pessoas. E gosto de me movimentar, falar, gerar ideias e incentivar as pessoas.
>
> Eu gosto do clima [de ensinar e aprender]. Você vê um produto no final. Gosto de me esforçar, mas também de ver algo completamente conquistado no final. E esse era o trabalho perfeito onde tudo isso poderia existir. Quando comecei, era: "Sou professora! Sou professora! Sou professora! Não acredito!" Meu marido e todo mundo ria. Era assim: "Não acredito que consegui este emprego. É uma chance única!"
>
> Agora [a ideia de ser professora] não é mais importante. É importante que [os alunos] aprendam comigo. E é divertido e estimulante. Talvez [eu mude de ideia mais tarde] mas agora cada dia é diferente. Então para mim é o trabalho ideal.

É disso que a maioria reclama. Vão para casa e seu trabalho é chato. Nada muda. [No magistério] você vê o sucesso no fim do dia. Alguns dias você vai para casa meio frustrada. Não saiu como você queria. No dia seguinte são outros rostos ou os mesmos rostos, mas a situação é diferente. E alguém vem e fala: "Sim, entendi. Vou fazer isso e aquilo". Você pensa: "Cheguei até essa pessoa. Realmente consegui chegar até essa pessoa e isso significou alguma coisa".

Quero que esses alunos voltem empregados depois de uns dois anos e digam: "Você realmente me ajudou". Espero que digam: "A faculdade foi um bom período e aprendi muito. Você me incentivava". Então acho que isso é mais importante agora para mim do que nos primeiros dois meses. Nos primeiros meses eu ainda não enxergava o que estava fazendo – meio nervosa, mas agora não estou mais.

Não acho que [alguns professores mais velhos e experientes] conhecem os alunos. Acho que chegam a um ponto em que têm um currículo para seguir e dão aula a uma turma, não aos indivíduos. Quando não conhecemos os indivíduos – e não quero dizer pessoalmente, e sim conhecer o que os aborrece e como ficam motivados ou como ficam desmotivados – não vemos quem não tem autoestima e precisa de um incentivo extra. Quando o foco não está nesses indivíduos, a sala de aula vira um "entra e sai de gado".

Estou mudando. Deveria dizer mudando o programa, mas não quero que pareça algo em larga escala. Quero dizer, mudando o que acho que não funcionou. Já estudei nesse curso [como aluna da mesma faculdade] e não mudou, então agora digo: "Podemos atualizar um pouquinho?" E [os outros professores] são muito receptivos, algo que nunca imaginei ser possível.

Achei que, sendo a pessoa na posição mais baixa do totem, [as regras implícitas seriam]: "Aprenda. Fique atenta aos seus passos. E não pise o pé de ninguém". Mas não é assim. Isso me anima porque, para mim, faz parte do trabalho também – se você tiver tempo.

Ardra: A sua participação nas atividades extracurriculares, coisas que você faz fora da sala de aula, isso faz parte da sua função de professora?

Karen: Algumas sim. Algumas são políticas. Quando alguém me pede para fazer alguma coisa, sou o tipo que em geral responde: "Sim, vou fazer". Sempre assumo muita coisa, mas também estou numa posição em que gostaria de fazer outras coisas. No fim, gostaria de coordenar o nosso programa para que, quanto mais eu aprender sobre os aspectos diferentes – o processo orçamentário dos programas e coisas assim –, mais conhecimento eu tenha. Então estou gostando.

Acho que uma das coisas que me agradam é que o nosso coordenador é muito receptivo a mudanças. Ele quer reformar o programa para atualizá-lo. E ele ainda não recebeu muito retorno ou encorajamento dos outros colegas. A maioria dos outros colegas está quase se aposentando e o que eu substituí na verdade era muito resistente a mudanças. Acho que [o coordenador] vê o potencial para ideias novas porque sou nova na indústria. E eu não esperava isso.

Eu achava mesmo que seria a pessoa na posição mais baixa do totem. "É isso o que fazemos. Vamos ajudar você e mostrar algumas coisas, mas vá devagar." Ao contrário, o que ouço é: "Você tem alguma ideia? Podemos fazer isso? O que você quer mudar?" Tenho mais poder, mais liberdade para agir como nunca pensei que conseguiria. Estamos falando sobre reformar o ano inteiro no ano seguinte e eles estão embarcando na minha ideia. Acho, "Nossa, que incrível! É muito animador" (Entrevista, janeiro de 1990).

Karen foi clara no seu conceito inicial de ensino como transmissão de conhecimento do conteúdo. Não tinha tanta certeza quanto à sua identidade de professora. No princípio sentiu desconforto/confusão com o rótulo "professora" – sem saber se era adequado. Porém, ficou eufórica com as oportunidades de expressão criativa e conquista que, segundo ela, a sua nova função propiciaria. Karen logo aceitou o rótulo "professora" e começou a desenvolver os seus entendimentos sobre a(s) função(ões) associada(s) a tal rótulo. Começou a identificar sucesso e satisfação em termos da sua habilidade de facilitar a aprendizagem dos alunos. Depois expandiu os critérios, incluindo a habilidade de mudar o programa.

Além da expansão dos conceitos de ensinar, surgiram uma complexidade de função crescente e uma necessidade relacionada de desenvolver novos conhecimentos. O conhecimento do conteúdo deixou de ser suficiente para a realização das funções múltiplas e complexas que Karen adotava. Ela também reconheceu a necessidade de conhecer: a si mesma como professora; os alunos como indivíduos; a melhor forma de facilitar a aprendizagem deles; o currículo (além do conhecimento do conteúdo); e como mudar o programa na sua própria turma e departamento. Essencialmente, estava vivenciando e demonstrando uma necessidade de conhecimento pessoal, prático, pedagógico e profissional do contexto micropolítico.

As passagens a seguir também ilustram como os professores mudaram as suas percepções da própria função, indo além do técnico e pedagógico e chegando ao institucional. Eles começaram a se ver como membros colaboradores de um departamento, traçando estratégias institucionais.

> **Ann:** Pessoalmente posso agir de modo criativo com meus alunos, mas não para por aí. É mais amplo. É como se corrêssemos um risco, ou eu corresse um risco ao olhar para mudanças na área de educação infantil. Provavelmente durante os últimos dez anos há um movimento para reconhecermos a criança como criança. É contra toda a noção de "criança precoce" – desaparecimento da infância, se

preferir. Quando penso em bebês de quatro meses indo para a creche, acho que precisamos tratar de alguns dos aspectos dos efeitos a longo prazo para as crianças. "Em que tipo de programa queremos que as crianças estejam enquanto ficam com a gente 8 ou 9h por dia? E como deve ser esse programa?"

A expectativa para uma criança que ingressa no primeiro ano é que ela saiba as cores e tenha habilidades de redação e leitura para a idade escolar. Costumávamos falar a respeito para o primeiro ano. Aí o jardim de infância ajusta o programa para atender as necessidades do primeiro ano. No caso do jardim de infância júnior, são crianças de três anos sendo forçadas a essa situação para se prepararem. Estamos dizendo: "Não, espere aí. A criança nessa idade precisa se desenvolver em todas as áreas. Não é apenas uma abordagem intelectual".

Então aqui temos quase um movimento novo centrado na criança. Todos os nossos textos refletem isso, mas parte da nossa prática na área, não. Então existem discordâncias entre as pessoas [da faculdade comunitária]. Estamos tentando uma transição entre aquele olhar tradicional voltado ao que o professor sabe melhor e as necessidades da criança. E o motivo para olharmos para as necessidades da criança é a potencial institucionalização infantil a partir dos 4 meses de idade.

É assustador! Acho que é uma das questões que precisamos abordar, mas não abordamos. Alguns de nós estão na mesma sintonia. Não estamos afirmando que é algo novo. Não é novo. Não é que tenhamos de repente pensado e vamos experimentar aqui. Outras faculdades comunitárias têm uma abordagem centrada na criança em andamento. Agora queremos que o currículo se adapte à criança, não que a criança se adapte ao currículo. Acho que aí é que está o conflito.

Se você acredita mesmo no desenvolvimento infantil, como não reconhecer o desenvolvimento? No

> setor privado, quando estou falando sobre educação, eu teria muito mais respostas às nossas ideias inovadoras do que tenho na instituição de ensino onde eu previa que estaria cheia de criatividade e ideias inovadoras. Se não temos aqui, onde estão? E aí ouço dizerem: "Não podemos dizer à faculdade comunitária o que ela deve fazer". Alguém precisa começar em algum lugar. Não é minha abordagem [ser autoritária]. Sou muito mais persuasiva. Mas preciso ter a chance de persuadir. Me deem uma reunião para persuadir e eu vou conseguir [risos] (Entrevista, maio de 1991).

Com o passar do tempo, diminuíram as conversas sobre os aspectos técnicos do ensino (além de um termo de referência para o crescimento) e cresceu a atenção com preocupações sobre mudanças substanciais dentro e fora da sala de aula. Em termos gerais, os professores expandiram os seus conceitos de ensino e de si mesmos como professores a partir de uma imagem inicial do professor enquanto técnico de sala de aula chegando à imagem do professor enquanto agente de mudanças.

> **Karen:** As pessoas do meu departamento são muito simpáticas. É bem pequeno. Somente um coordenador, outro colega que trabalha em horário integral e eu. Os dois foram meus professores quando estudei, então no início foi meio estranho. Mas funcionou muito bem. São um grupo bom e nós nos damos bem. Foram muito bons. Me apoiaram muito. Eu cheguei e fiquei quieta por um tempo. E agora é claro que não calo a boca [risos]. Agora tento assumir o comando (risos).
> Nosso coordenador é uma pessoa muito positiva, animada. É aberto a qualquer ideia que eu tenha e vai junto. Ele quer que o curso mude, mas não sabe o que fazer. Então é bom para mim. Tenho que prestar atenção também. Consigo ser bem política. Mas é muito animador para mim porque consegui

fazer e mudar muitas coisas. Muita gente se acomoda ou fica em cima do muro, mas eu corro atrás. Talvez eu esteja tendo muito mais liberdade política em nosso departamento do que em alguns outros em relação a mudanças porque as coisas não mudam há muito tempo. Eles querem as mudanças. Sabem que precisam acompanhar as mudanças, mas estão lá há tanto tempo que não sabem o que fazer. Então não é só ensinar, é reformar tudo. Em dez anos eles vão se aposentar e outros professores vão chegar. Quero que seja de um jeito que eu veja funcionar nos próximos 15 anos. E assim terá sido bom para mim.

Algumas das coisas meu coordenador disse que "nós" faríamos, nós dois. Não sei o que aconteceu, mas ele recuou e fiquei sozinha.

Para resumir o desenvolvimento da autoidentidade pelos professores, mais uma vez nos voltamos aos professores. Karen e Brian descrevem assim o desenvolvimento de "si mesmos enquanto professores":

Karen: Não sei ao certo quando deu um clique ou aconteceu. Parece que eu assimilei. Eu me lembro da primeira entrevista na véspera do meu primeiro dia como professora. Eu pensava: "Não acredito que sou professora". Eu me beliscava: "Gente, estou trabalhando numa faculdade. Isso é ridículo". E depois simplesmente aconteceu, então agora praticamente eu penso: "É, não tem nada demais".

[A transição para o magistério] não é tão assustadora como eu pensava. Foi muito mais estimulante do que eu achava. Você começa a pensar como professora, a falar como professora. Durante o ano percebi que estava constantemente [reunindo informações relativas ao ensino]. Tudo o que eu lia, pensava: "Ah, ótimo. Isso é ótimo, eu posso usar. Ou posso fazer aquilo". [O mesmo acontece] quando ouço alguém usando algum outro método. E você começa a aplicar automaticamente tudo o que surge. Você começa a colocar ideias sobre métodos e coisas na prateleira do ensino para usá-las. E você começa a pensar em se tornar uma professora melhor. Acontece. É como se você evoluísse e começasse a pensar assim. Nunca imaginei que seria tão fácil me transformar em professora. Mas é algo que começa a acontecer suavemente (Entrevista, maio de 1990).

Brian: Tenho uma ideia muito melhor do que faz um professor do que antes. No início eu pensava: "Qual é o grau de dificuldade?" Você fica de pé, fala e mostra como se faz. Qual é o grau de dificuldade? E agora conheço a dificuldade.

Ardra: Deixou de ser simplesmente ficar de pé e falar?

Brian: É uma loucura. Há muito mais coisas envolvidas em ser um bom professor. [Você precisa] conhecer o seu material e saber apresentar o material. Tem muita gente que conhece o material de trás para a frente, mas, se você não souber apresentar esse material de forma que as pessoas saiam entendendo... E aí [você precisa] da habilidade de saber como usar uma sala de aula ao máximo e o que funciona melhor na apresentação do material. E, depois que o material for apresentado, como avaliá-lo, como avaliar os alunos e as habilidades deles de entender.

É necessário muito mais no ensino do que apenas ficar de pé na frente das pessoas e falar. No início eu não achava. Você também não pode ensinar alguma coisa sem entender.

Ardra: Então é como se as funções complexas do professor estivessem se apresentando a você à medida que...

Brian: E de novo, no início, ensinar era: "Ah, todos são iguais. São alunos. Querem aprender tecnologia arquitetônica". Não são os mesmos. Alguns precisam de mais tempo. E existem outros problemas com o aluno no momento que preciso considerar. Um trabalho em meio expediente parece uma questão importante, uma necessidade nos dias de hoje para conseguirem ir à escola.

No meu primeiro ano eu dizia aos meus alunos: "Não, ou a escola ou o trabalho. Vocês não podem fazer as duas coisas". Eu não quis dar um ultimato. E agora você conversa com alguns deles e o emprego em meio expediente literalmente é o que põe comida na mesa e paga o aluguel, porque [os fundos assistenciais] não foram pagos ou por qualquer outro motivo. Então não sou tão rígido. Agora, em vez de: "Não, vocês não podem trabalhar em meio expediente", falo: "Tudo bem, mas cuidado com a organização dos horários. Separem um tempo para estudar". Sou mais compreensivo com essas [situações] em vez de ser rígido e crítico.

E agora acho que [ensinar] é muito mais complexo. A única vez em que entrei numa sala de aula despreparado me serviu de lição. Eu estava muito ocupado e não tive a chance de me preparar bem. Eu tinha uma ideia do que eu queria fazer, mas não tinha as coisas organizadas como eu deveria. Isso me ensinou a nunca mais [chegar despreparado]. Foi constrangedor e difícil. E eu me senti como se estivesse traindo os alunos, e isso não me caiu bem. Então jamais repeti.

Ardra: Como você veio em horário integral há uns dois anos, você acha que a sua função mudou muito?

Brian: Eu me vejo como professor e esse é o meu trabalho.

Ardra: No início você não se via? (risos)

Brian: Não. Não. Mas agora sim. Acho que o meu comportamento mudou. Eu não tinha muita certeza de que era professor. Sim, acho que está certo, quando me lembro.

Ardra: Você se considera professor. Mas você ainda se considera tecnólogo arquitetônico?

Brian: Ah, sim, mas não tanto. Ainda me considero tecnólogo arquitetônico porque foi a minha escolha profissional. Mas agora, em vez de exercê-la (e eu ainda a exerço), sou professor. Então sou professor de Tecnologia Arquitetônica. E me sinto muito mais à vontade agora do que há dois anos (Entrevista, maio de 1991).

Assim, quando os professores refletem sobre a sua transição para o ensino, a metamorfose parece completa. O desconforto inicial com a ideia de se identificar como professor deixou de existir. Os comentários finais de Brian refletem os sentimentos do grupo inteiro. Com um reconhecimento da sua "primeira escolha de profissão", agora eles falam sobre si mesmos não em termos da sua função anterior nas suas respectivas áreas, mas enquanto professores. Parecem haver conquistado um grau de conforto no desenvolvimento da sua identidade profissional de professores que se aproxima daquele definido no contexto profissional/vocacional anterior.

Construindo comunidades profissionais

Usando um processo representacional similar, agora vejamos o nosso segundo foco e, mais uma vez, nós nos fundamentamos nos professores para ilustrar o conceito de "construção de comunidades profissionais". Lembramos ao leitor a nossa imagem do círculo de desenvolvimento que não para de se alargar e começamos com a visão inicial e de certo modo estreitamente definida dos professores a respeito da "sala de aula enquanto comunidade profissional". Voltando às discussões e entrevistas realizadas no início do primeiro ano, novamente seguimos os professores nos seus dois primeiros anos. Como indica a nossa primeira passagem, os entendimentos iniciais dos professores sobre o que fazem e onde as funções são desempenhadas estavam limitados pelas paredes da sala de aula. Uma análise das notas de campo nas duas primeiras sessões em grupo, realizadas na parte inicial do primeiro período do primeiro ano, revela um foco em tópicos/preocupações que se relacionam intimamente à sala de aula: administração do tempo; preparação de planos de aula; interpretação de orientações curriculares e desenvolvimento de um currículo novo; planejamento de longo alcance; instrução individualizada; apresentação das aulas; uso de equipamentos e materiais audiovisuais.

Em algum ponto mais tarde no primeiro período, surgiram evidências de uma mudança inicial qualitativa na natureza e no conteúdo das discussões em grupo. Os exemplos a seguir mostram como a conversa começou e continuou a ultrapassar as paredes da sala de aula. As fronteiras se alargaram; as paredes foram transpassadas; o círculo se ampliou, abrangendo um território maior.

> **Karen:** Acho que a resposta, ao menos para o nosso departamento, é tentar envolver mais a indústria nas faculdades comunitárias, seja por patrocínio de empresas privadas ou simplesmente indústrias que vão se beneficiar com os nossos alunos formados. Acho que talvez precisemos fazer propaganda como indivíduos em nossas divisões ou na faculdade como um todo. Mas precisamos tentar dizer: "Estamos lançando estes alunos e estamos oferecendo alguma coisa para vocês. Precisamos receber alguma coisa de volta". E não pode ser apenas o governo. O governo não pode ser o único financiador agora.
>
> Temos que nos ver como relações públicas e vendedores, além de professores, se quisermos que os nossos departamentos acompanhem o ritmo. Para acompanhar o nível necessário para ensinar, [precisamos] acompanhar a indústria. E a indústria também terá que devolver o que leva. Acho que precisamos expor a eles que não podemos somente ficar produzindo alunos. Se não conseguirmos acompanhar o ritmo, os alunos que produzimos vão ficar cada vez menos qualificados.

A indústria pode arcar com o custo de acompanhar o ritmo porque tem lucro para provar. Temos que dizer: "Vocês precisam dar o que nós damos. Vocês precisam nos ajudar a produzir alunos atualizados e excelentes". Assim você também gera mais alunos entrando no sistema – se eles conseguirem enxergar uma meta, algo que seja um objetivo que valha a pena. Mas acho que precisamos começar ativamente a fazer alguma coisa (Discussão em grupo, dezembro de 1989).

Ann: Tem muito dinheiro entrando. Acho que um dos problemas é para onde esse dinheiro está indo e para quê. Acho que podemos ter um novo edifício sendo construído que vai ser muito proveitoso, mas tudo depende de como tudo é operado. Perguntamos se poderíamos ter as nossas salas lá ou se estaríamos vinculados a esse prédio novo. "Não, teríamos que continuar no nosso prédio." Em [outra faculdade comunitária], todo o departamento da infância faz parte do prédio inteiro. Eles têm acesso direto às salas de recursos e coisas assim que acontecem lá. A parte triste é que estamos construindo aquele prédio lindo e ainda estamos aqui (Discussão em grupo, dezembro de 1989).

Na medida em que o ano avançava e os professores se tornavam mais assentados no seu novo ambiente profissional, começamos a ver indícios crescentes de um interesse na atividade do departamento.

Karen: Em maio e junho vou trabalhar na mudança de avaliação. Posso fazer o que quiser. Acho [o método atual] muito complicado. Prefiro o meu próprio método e que [o outro instrutor] tenha o seu, e depois fazer uma média entre os dois porque eu conheci os alunos antes. Ele percebeu que não conhecia todos os rostos. Agora ele tende a me deixar fazer a maioria das avaliações, mas para mim é perda de tempo. Temos 30 alunos para avaliar e provavelmente são 20min para cada aluno. Eu não gosto. Então parece que poderei mudar em maio (Discussão em grupo, março de 1990).

A participação crescente dos professores em atividades fora da sala de aula também foi evidenciada numa discussão em grupo que ocorreu no início do segundo período do primeiro ano. O tópico de uma conversa antes da sessão foi a participação deles em atividades extracurriculares. Karen falou sobre a sua função fundamental na produção de um vídeo relacionado às atividades na faculdade comunitária a ser exibido numa emissora de televisão local. Bill comentou sobre alguns concursos de culinária dos quais havia participado em apoio aos alunos. Jim havia assumido responsabilidades extras relativas à provisão de estágio numa política recém-implementada que afetava o ambiente de trabalho.

Com o passar do tempo, os professores continuaram a expressar um interesse crescente na vida além das paredes da sala de aula. Outra mudança significativa aconteceu durante outra discussão ocorrida no início do segundo período do primeiro ano, quando expressaram interesse em aprender a micropolítica da instituição: como as coisas funcionam; como as coisas são feitas; como fazer mudanças.

Mais uma citação das nossas notas de campo:

> Uma sequência interessante de eventos aconteceu aqui. Linda falou sobre a "política da instituição". Falou sobre as restrições, os bloqueios a mudanças e a necessidade de adquirir um *insight* inicial sobre a política de uma instituição a fim de gerar mudanças. Ann compartilhou o seu conhecimento e habilidade sobre coleguismo na faculdade e questões de poder e controle em relação a *status* na criação e desenvolvimento do programa. Brian trouxe a noção da necessidade de as pessoas novas se conformarem. "Senão", disse ele, "elas não são desejadas". Foi a primeira vez em que houve uma discussão informada e animada sobre o tema da política institu-

> cional e a necessidade de estar ciente e aprender as normas institucionais como parte de todo o processo de socialização. Será interessante acompanhar o desenvolvimento disso. Estamos na metade do primeiro ano. Antes não havia tanto interesse além das paredes da sala de aula. Agora começamos a ver as paredes da sala de aula sendo transpostas (Notas de campo, janeiro de 1990).

Os professores continuaram a fazer perguntas que os levaram bem longe da sala de aula – perguntas sobre orçamento, como fazer mudanças curriculares e como fortalecer ligações com a indústria e a comunidade além da faculdade. À medida que o tempo passava, conversas situadas na sala de aula ou confinadas à sala de aula diminuíram muito. Uma boa ilustração para esse ponto é encontrada na primeira sessão em grupo do segundo ano. A primeira parte dessa reunião foi dedicada a planejar os tópicos das sessões para o ano. Os professores geraram uma lista de tópicos possíveis e depois os organizaram em ordem de prioridade. Micropolítica institucional ficou em primeiro lugar e assuntos específicos da sala de aula ficaram em último!

> Karen apresentou uma solicitação que realmente modificou toda a natureza da discussão. Ela solicitou informações ou uma sessão de oficina sobre relações da comunidade escolar, especialmente sobre questões de financiamento. Acho isso um incidente crítico no seu desenvolvimento e certamente no desenvolvimento dos professores, considerando a resposta que ela recebeu para essa solicitação. Aqui vemos os professores transpondo as paredes da sala de aula ainda mais, desejando partir para a comunidade e tentando estabelecer, manter e encorajar relações comunidade-escola.
>
> Karen comentou: "No ano passado eu estava preocupada em ensinar. Agora estou interessada em mudar o programa". Uma declaração bem crítica, eu acho. "Como fazemos as coisas mudarem?", per-

guntou. Karen falou sobre o seu interesse crescente em aprender como o sistema funciona e como fazer as coisas. "Talvez", disse, "alguém da [faculdade] pudesse explicar como [a faculdade] funciona". Houve uma discussão animada, sem outras sugestões. Após uma classificação dos cinco tópicos sugeridos para as sessões de oficina, a decisão sobre qual tópico seria o primeiro ficou entre "micropolítica" e uma oficina sobre trabalho em grupo. No final, o consenso foi que micropolítica era definitivamente o tópico de interesse, especialmente a longo prazo. Foi percebido como essencial. Particularmente, houve interesse em orçamento – como o orçamento funciona e as decisões são tomadas (Notas de campo, setembro de 1990).

As fronteiras da comunidade continuaram a se estender; o círculo sempre se alargando. Na maioria das últimas entrevistas individuais e certamente na discussão final em grupo do segundo ano, toda a conversa se voltou para o cenário mais amplo da faculdade comunitária. Muitas vezes os professores voltavam às suas experiências anteriores de comunidade ocupacional e traçavam paralelos entre os contextos anteriores e atuais. E assim, após um período de dois anos de indução/socialização para um novo cenário profissional, os professores, em sua maior parte, haviam desenvolvido um conceito de comunidade que tem graus de continuidade em relação àquele definido no contexto vocacional anterior. De acordo com Karen:

Karen: Eu fico um pouco decepcionada. Em qualquer trabalho, quando você começa, você pensa: "Vai ser bom. Vai ser maravilhoso". E, de repente, a realidade se mostra e você diz: "São os mesmos problemas de qualquer trabalho. Seja você um carpinteiro ou esteja na área da educação ou da televisão, são os mesmos problemas. Algumas pessoas trabalham bem e você precisa trabalhar com essas pessoas".

Fiquei surpresa porque não esperava uma falta de interesse [entre os colegas mais velhos] no próprio desenvolvimento profissional. Simplesmente pensei que você sempre desejaria melhorar, especialmente na área de educação, porque novas mentes chegam todos os anos e é uma área que muda muito. Como você está ensinando, essa área cresce constantemente, mas também porque você está sendo desafiado todos os anos por mentes jovens e pessoas diferentes. Você não fica perto das mesmas pessoas. Eu achava que você gostaria de estar constantemente de olho e todo mundo naturalmente seria muito cuidadoso. Tem gente que pode não ficar tão animada com um [desenvolvimento profissional contínuo]. Acho que estou surpresa que não exista um incentivo para isso continuar.

Quando consegui meu primeiro emprego depois de me formar na faculdade, eu sabia que queria estar na televisão. Eu dizia a mim mesma que queria ser produtora porque gosto de tomar decisões. Gosto de organizar e trabalhar com um grupo grande de pessoas. Gosto de ser a chefe, digamos assim, não tanto pelo título, mas porque, quando tenho uma ideia que vejo funcionar, preciso ser a chefe para que dê certo. E era isso que eu achava que queria fazer.

Aí vi este emprego – depois de estar na televisão e não necessariamente ser a produtora – como uma oportunidade para tomar decisões que tivessem algum sentido, que influenciassem a vida de outras pessoas, que pudessem beneficiar outras pessoas – não é como um programa de televisão onde falariam: "Ah, foi um bom programa, mas acabou". Mas alguém falaria: "Foi uma ótima professora" ou "Foi um ótimo curso que fiz" (Entrevista, janeiro de 1991).

Facilitando o desenvolvimento do professor

À medida que acompanhávamos os professores durante o seu período de transição, ficou aparente que o processo de redefinição do que significa ser professor e seu senso crescente de nova identidade profissional eram contextualmente dependentes das suas noções crescentes de comunidade profissional. Isso nos leva a suspeitar que, para os professores terem oportunidades de perceber o próprio potencial pessoal/profissional definido individualmente, o ensino e o desenvolvimento precisam ser definidos, interpretados e facilitados dentro de um contexto institucional mais amplo. Quando, no contexto de desenvolvimento profissional, as fronteiras de uma comunidade profissional do professor são transpassadas de modo a englobar todo o contexto de trabalho, prestando-se atenção às realidades micropolíticas e contextuais da vida escolar, parece-nos que os professores têm uma chance melhor de se tornarem realmente fortalecidos. Em outras palavras, o desenvolvimento do professor no seu sentido mais amplo depende do seu acesso ao conhecimento profissional além do que é simplesmente pessoal, prático e pedagógico.

É nas arenas institucionais mais amplas que os professores veem tanto grandes frustrações quanto as possibilidades de mudanças significativas. A frustração e a raiva diante do "sistema" se tornam uma maré crescente nas transcrições das reuniões. Observe a seguinte declaração de Jim, que descreve o seu novo emprego como um "sonho realizado".

> **Jim:** Adoro meu trabalho, de verdade, mas constantemente a política institucional intervém. Gente tentando construir impérios com agendas ocultas e toda aquela bobagem não deveria se intrometer entre o aluno e eu. Isso me tira do sério. Nunca fui bom com política. Não quero ser bom com política. Só quero fazer a droga do trabalho. Mas chega ao ponto de ser quase impossível conseguir fazer adequadamente.

> Tem gente que simplesmente faz o que quer e ponto. Ficam felizes. Às vezes é tremendamente triste. Para mim é deprimente porque aquela fagulha de entusiasmo vai diminuindo cada vez mais. E, no fim, vai sumir. O que fazer? Lutar contra o sistema até ficar estendido no chão ou aceitar o sistema? (Discussão, maio de 1991).

Nessa citação, e de fato nos testemunhos mencionados neste trabalho, vemos a riqueza da busca por relatos detalhados das histórias de vida dos professores. A fundamentação dos nossos dados nesses contextos históricos, tanto pessoais quanto micropolíticos, sugere *insights* alternativos referentes a motivos pedagógicos e curriculares. Igualmente importante é a eloquência das vozes dos professores nos exortando a desenvolver novos modos de educação do professor que ofereçam um novo respeito às realidades pessoais e políticas da sua vida.

Reconhecemos que, ao expor o leitor a várias transcrições não editadas da voz do professor, nós lhe apresentamos uma tarefa extra. Boa parte da nossa pesquisa normalmente engloba comentários do pesquisador – portanto, pode parecer quase uma "deserção" apresentar tantos "dados brutos" e tão poucos comentários. Mas os paradigmas de pesquisa e as nossas expectativas sobre eles são construtos sociais. Ademais, foram construtos sociais que, involuntariamente ou não, silenciaram as vozes e as vidas dos professores. É provável que o processo de reabilitação das vozes dos professores seja minucioso e contestado. Não é por acaso que paradigmas tenham silenciado o professor, mas sem essa reabilitação acreditamos que boa parte da pesquisa sobre os professores continuará árida e descontextualizada, irrelevante para os professores, a quem silencia e priva tão sistematicamente. Como já escrevemos:

> O tipo de teoria que estamos buscando não seria a única prerrogativa do estudioso universitário. O nosso estudo educacional deve ser mais colaborativo, mais amplo, publicamente disponível. Mas tam-

bém deve ser possível que o tornemos interessante, crítico, vital e útil (GOODSON; WALKER, 1991, p. 203-204).

Este capítulo marca a nossa tentativa de buscar tal modo de estudo e reportagem em ação já em andamento. Reconhecemos que estamos no primeiro estágio de uma longa jornada. Por trás dessa jornada, porém, existe uma postura de valor clara que abarca a noção do professor potencialmente como a mudança central na reestruturação da educação. Citando a placa em memória de Lawrence Stenhouse, "São os professores que, no fim, mudarão o mundo da escola entendendo-o".

Referências

APPLE, M. (1986). *Teachers and texts*. Londres: Routledge & Kegan Paul.

BALL, S.; GOODSON, I.F. (1989). *Teachers' lives and careers*. 2. ed. Londres/Nova York/Filadélfia: Falmer/Open University/Open University Set Book.

BRITZMAN, D. (1986). Cultural myths in the making of a teacher: Biography and social structure in education. *Harvard Educational Review*, 56, p. 442-456.

BULLOUGH JR., R.V.; KNOWLES, J.G.; CROW, N.A. (1991). *Emerging as a teacher*. Londres: Routledge Kegan.

BURKE, P.J.; FESSLER, R.; CHRISTENSEN, J.C. (1984). *The Teacher career stages: Implications for staff development*. Bloomington: Phi Delta Kappa.

BUTT, R.L.; RAYMOND, D. (1987). Arguments for using qualitative approaches in understanding teacher thinking: The case for biography. *Journal for Curriculum Theorizing*, 7(2), p. 62-93.

CLANDININ, D.J. (1986). *Classroom practice: Teacher images in action*. Barcombe Lewes: Falmer Press.

COLE, A.L. (1990). *Teachers' experienced knowledge: A continuing study.* Trabalho apresentado no *Annual Meeting of the American Educational Research Association.* Boston, abr.

COLE, A.L. (1991). Relationships in the workplace: Doing what comes naturally? *Teaching and Teacher Education*, 7(5/6), p. 415-426.

CONNELLY, F.M.; CLANDININ, D.J. (1988). *Teachers as curriculum planners: Narratives of experience.* Nova York: Teachers College Press.

CONNELLY, F.M.; CLANDININ, D.J. (1990). Stories of experience and narrative inquiry. *Educational Researcher*, 14(5), p. 2-14.

FULLER, F.F.; BOWN, O.H. (1975). Becoming a teacher. *Teacher Education – Seventy Fourth Yearbook of the National Society for the Study of Education.* Chicago: University of Chicago Press.

GOODSON, I.F. (1981). Life histories and studies of schooling. *Interchange*, 11(14), p. 62-76.

GOODSON, I.F. (1988). *The making of curriculum: Collected essays.* Londres: Falmer.

GOODSON, I.F. (1989). Sponsoring the teacher's voice. *Cambridge Journal of Education*, 21(1), p. 35-45.

GOODSON, I.F. (1990). Studying curriculum: Towards a social constructionist prospective. *Journal of Curriculum Studies*, jul.-ago., p. 299-312.

GOODSON, I.F. (2008). *Investigating the teacher's life and work.* Roterdã/Boston/Taipei: Sense.

GOODSON, I.F.; WALKER, R. (eds.) (1991). *Biography, identity and schooling.* Londres: Falmer.

GROSSMAN, P. (1990). What are we talking about anyway? Subject matter knowledge of secondary English teachers. In: BROPHY, J. (ed.). *Advances in research on teaching – Vol. 2: Teachers' knowledge of subject matter as it relates to their teaching practice.* Greenwich: Jai.

GUDMUNDSDOTTIR, S. (1990). Values in pedagogical context knowledge. *Journal of Teacher Education*, 41(3).

HUBERMAN, M. (1989). The professional life cycle of teachers. *Teachers College Record*, 91(1), p. 31-51.

KNOWLES, J.G. (2013). Models for understanding preservice and beginning teachers' biographies: Illustrations from case studies. In: GOODSON, I. (ed.). *Studying teachers' lives*. Londres: Routledge, p. 99-152.

KNOWLES, J.G.; HOLT-REYNOLDS, D. (1991). Shaping pedagogies through personal histories in preservice teacher education. *Teachers College Record*, 93(1), p. 87-113.

RYAN, K. (1986). *The Induction of Teachers*. Bloomington: Phi Delta Kappa.

SHULMAN, L.S. (1986). Those who understand: Knowledge growth in teaching. *Educational Researcher*, 15, p. 4-14.

SHULMAN, L.S. (1987). Knowledge and teaching: Foundations of the new reform. *Harvard Educational Review*, 57(1), p. 1-22.

ZEICHNER, K.M.; GRANT, C. (1981). Biography and social structure in the socialization of student teachers: A re-examination of the pupil control ideologies of student teachers. *Journal of Education for Teaching*, 3, p. 299-314.

ZEICHNER, K.M.; TABACHNICK, B.R. (1985). The development of teacher perspectives: Social strategies and institutional control in the socialization of beginning teachers. *Journal of Education for Teaching*, 11, p. 1-25.

11
Currículo como narrativa: cruzando fronteiras para uma educação decolonizada

I.F. Goodson
M.I. Petrucci-Rosa

Resumo

Vivemos num momento de crise mundial em que o isolamento social é exigido e necessário. Porém, e paradoxalmente, nunca foi tão crucial mostrar como as fronteiras transculturais podem gerar experiências educacionais e curriculares significativas. Neste capítulo, apresentamos a história de vida de um professor indígena vivendo no Parque Xingu, no Brasil. A sua narrativa ilumina a discussão de noções essenciais de currículo pré-configurado, currículo como narrativa, "aprendizagem tribal" e educação diferenciada. Em nossa conclusão, destacamos a importância de um currículo escolar que tente abarcar missões que cruzem fronteiras, propiciando experiências educacionais significativas de uma perspectiva decolonizada.

Observações preliminares

Vivemos em tempos inusitados e inimagináveis para a maioria da população mundial. Socialmente isolados devido à crise sanitária causada pela pandemia da Covid-19, também estamos geograficamente imobilizados dentro das nossas fronteiras, casas e paredes. Apesar desse cenário dramático, jamais foi tão crucial considerar que a educação precisa cruzar fronteiras.

Assim, Goodson e Schostak propõem o conceito de currículos pré-figurativos e narrativos como um processo educacional baseado em solidariedade, compaixão e acordos coletivos. Torna-se essencial agora reaprendermos a trabalhar juntos e compartilhar ideias para gerar recursos que sirvam a todos os nossos objetivos e não somente aos objetivos de uma classe financeiramente abastada. Crianças, jovens e professores precisam ver como as organizações sociais são os pilares do governo – que age de acordo com os interesses expressos de todos. Ao fazermos tudo isso, precisamos reaprender a ter uma voz livre e igual à voz dos outros (GOODSON; SCHOSTAK, 2020).

Com o objetivo de reaprender maneiras comuns de existência social e cultural, a experiência de cruzar fronteiras é significativa e vívida, com uma série de potencialidades. Neste trabalho discutimos esse sentido de cruzar fronteiras como precondição para uma educação decolonizada e de que forma ele pode resultar num currículo decolonizado.

O que significa cruzar fronteiras no contexto de políticas curriculares?

Cruzar fronteiras, de várias maneiras, possibilita uma postura pedagógica muito informada sobre a nossa origem e é uma avaliação consciente de quem viremos a ser e o que isso significa. Entretanto, surgem as seguintes perguntas: O que define as nossas lealdades e entendimentos do mundo? Como podemos permanecer fiéis à lealdade anterior nesta jornada? Como mantemos uma fidelidade a princípios que nos são preciosos? Quais são os custos e benefícios de cruzar fronteiras?

É um erro pensar que se trata de uma via de mão única ou somente uma questão de perda, porque também é, em certo sentido, uma fuga para coisas melhores e isso não deve ser negado. Portanto, há dois lados nessa mobilidade social formal. Por um lado, alguém perde algo; por outro lado, sem dúvida esse alguém deseja fazê-lo. Existe uma parte em todos que deseja abraçar novas realidades. Então, seria errado considerar a viagem perigosa. A verdadeira pergunta é: Como, de certo modo, somos capazes de nos agarrar ao que a nossa mente aprendeu e utilizá-lo enquanto trabalhamos e viajamos?

Nesse contexto há dois tipos de fronteiras em jogo. Uma delas é a diferença entre referências locais e cosmopolitas. Alguns viajam para longe do próprio ambiente local e desenvolvem um conhecimento cosmopolita. Tornar-se cosmopolita significa trazer uma visão diferente e mais estratificada do que é ser local. Paralelamente, existe a diferença entre viver uma vida e ser capaz de teorizar o nosso entendimento de vida sobre as experiências. Assim, cruzar fronteiras entre o local e o cosmopolita (ou as interseções entre uma vida vivida experimentalmente e uma vida teorizada) é um dos principais deveres do cruzamento de fronteiras a respeito do qual os professores precisam refletir. Especialmente os professores embarcam nessa jornada com os alunos porque, ao considerarem a natureza do conhecimento escolar, tentam estimular os alunos a ter um conhecimento mais abstrato e descontextualizado.

Os professores convidam os alunos a embarcar numa jornada que deve envolver cruzamentos de fronteiras intelectuais, um conhecimento básico enraizado no "local" e também conhecimentos que são mais genéricos e teóricos. Portanto, os alunos serão provocados a embarcar precisamente nas jornadas intelectuais que são esses tipos de viagens. Nesse sentido, tais interseções de fronteiras informam profundamente a pedagogia que cada professor deve adotar a fim de transmitir um sentido original do mundo com um entendimento mais teórico e genérico. Ademais, como observa Richard Sennett (2008), sentir o gosto do conhecimento é um êxito se for possível testar o conhecimento. Essa afirmativa também é verdadeira porque suscita um entendimento sobre a diferença entre a vida experimentada "local" e a vida "experimentada" – para começar a teorizar e entender como ela vem com perdas e ganhos. Essa questão diz muito sobre professores e pedagogia – sobre a consideração de custos e benefícios aos alunos que estão fazendo a viagem solicitada pelos professores.

É crucial considerar o que os professores lhes pedem em termos de renúncia quando se mobilizam ou cruzam fronteiras intelectualmente, porque se trata de uma tremenda jornada psicológica; portanto, é preciso ser sensível. Passar do conhecimento local para o conhecimento cosmopolita também tem seu preço. É uma viagem complexa oferecida aos alunos; logo, os professores que pensam se tratar de algo inteiramente bom estão muito equivocados. Eles não têm consciência dos tipos de custos que estão pedindo aos alunos e dos benefícios indubitáveis que estão oferecendo. É importante ter consciência tanto das perdas quanto dos ganhos – ser sensível à cultura que estão pedindo que os alunos abandonem, deixem, estendam e transcendam.

A grande questão com os professores do ensino médio é que, se o professor tiver conhecimento formal do conteúdo apropriado, como tal conhecimento produz benefícios excelentes? Também há custos consideráveis porque cada disciplina escolar tem categorias específicas de conhecimento. Todos os elementos das disciplinas escolares vêm dentro de uma ordem social e muitas vezes isso significa o deslocamento de alguns para outros dentro dessa ordem social. As disciplinas escolares como categoria tendem a existir num grau superior, abstrato, descontextualizado e teórico. Essa condição significa que as pessoas precisam renunciar ao seu conhecimento experimental anterior antes de serem bem-sucedidas educacionalmente. Nesse contexto, esse tipo de categoria parece ser a questão mais problemática sobre a qual os professores precisam pensar.

A pergunta é: Até que ponto eles exigem demais dos alunos um conhecimento da disciplina escolar? O que precisam abandonar e quão sensível é o professor a uma mudança do conhecimento local (prático, raciocinado, óbvio e de uso imediato) para um conhecimento que é muito mais esotérico, cosmopolita, abstrato e que pode ou não ser útil neste novo mundo onde estão ingressando? Portanto, é sobre essa mudança de categorias que os professores precisam refletir principalmente quando ensinam. Que tipos de conexões são possíveis entre a percepção "local" que as pessoas têm (o sentido arraigado de identidade, classe, gênero) e o conhecimento mais abstrato ao qual estão sendo convidadas? Um(a) bom(boa) professor(a) faz conexões continuamente entre o sentido local, concreto, imediato que as pessoas têm de si e o conhecimento especializado. Ele(a) sustenta regularmente conhecimentos abstratos com exemplos locais – exemplos concretos que têm forte ressonância para as pessoas. De certa forma, a pedagogia do cruzamento de fronteiras ajuda os alunos a embarcar nessas jornadas.

Tais cruzamentos de fronteiras e conhecimentos mudam as circunstâncias da relação entre professores e alunos e a relação dos professores com a própria vida. Ser aprisionado pelo conhecimento teórico não é um problema somente do aluno – mas também do professor. A importância de trabalhar com histórias de vida para os professores é permitir-lhes refletir sobre os cruzamentos de fronteiras que eles também cruzaram.

Muitos professores passaram pelas mesmas interseções com cruzamentos de fronteiras do "local" (seja provendo tutoria à família) para se tornarem profissionais. Vão para a universidade e passam por uma série considerável de deslocamentos enquanto cruzam muitas fronteiras. À medida que pensam mais sobre as suas histórias de vida, os lugares onde foram aprisionados e de onde partiram, percebem quais fronteiras gostariam de cruzar e, ao fazê-lo, refletem sobre os tipos de cruzamentos de fronteiras que os alunos também estão cruzando. Quando são reflexivos, os professores se libertam da prisão do conhecimento específico e do treinamento formal. Aí têm um sentido mais geral de si mesmos – como pessoas, professores e especialistas (ABRAHAM, 1984). À medida que começam a se ver como pessoas que viveram experiências, ficam mais felizes. São professores melhores porque ficam mais sensíveis ao modo pelo qual os alunos estão experimentando o mundo.

Goodson observa que as fronteiras entre conhecimento abstrato e concreto, entre mundo cosmopolita e local, entre classes, entre culturas – são essas as questões que devem ser tratadas por professores e alunos. Os alunos vivem "nas fronteiras", que são um lugar excelente para viver porque ali qualquer coisa é possível. De certo modo, podem ir a qualquer lugar e qualquer coisa pode acontecer. É um lugar de grandes possibilidades para os direitos humanos, mas também de considerável risco humano. Portanto, a fronteira é um lugar onde a especialização é possível (GOODSON, 2007).

Em outras palavras, de acordo com Walter Benjamin em *The Storyteller* (2007), cruzar fronteiras também é um ponto de reunião para o artesão sedentário e o conhecimento do estrangeiro, sendo uma condição essencial para o desenvolvimento do currículo como narrativa (GOODSON, 2014). Segundo Benjamin, transmitir uma experiência não é somente repetir uma estória, mas uma transmissão de conhecimento de experiências vividas a futuras gerações, e isso é possibilitado por um currículo narrativo. De acordo com Benjamin, as narrativas sempre têm uma dimensão utilitária (BENJAMIN, 2007). O narrador pode transmitir a experiência de maneira útil e numa dimensão mais elaborada. Portanto, a narrativa ensina.

Com as tecnologias atuais, as fronteiras antigas estão desaparecendo. Podemos escrever juntos ainda que estejamos em lugares diferentes (seja no Brasil ou na Inglaterra) e podemos entrelaçar as nossas estórias. Toda noção de espaço está sujeita a mudar e Benjamin nos admoestaria a respeito, já que várias dessas fronteiras não se relacionam simplesmente a espaços externos, mas ao eu interior das pessoas. São lugares secretos onde as pessoas decidem os seus modos de julgamento – onde decidem quem são, quem desejam ser e quais são os seus projetos de identidade.

A seguinte inscrição está no memorial a Benjamin, no vilarejo de Portbou, Espanha, perto da fronteira com a França: "a construção histórica se concentra na memória daqueles que não têm nome" (GOODSON, 2011, p. 49)[5].

Uma questão emergente se apresenta:

> Para quem produzimos conhecimento? Tradicionalmente, a pesquisa é feita para as pessoas – ao contrário de ser feita com as pessoas – que poderíamos chamar de "sem nome": imigrantes, desabrigados, mulheres, crianças, entre outros. Se trabalharmos com eles num diálogo permanente, então a pesquisa poderá produzir uma aprendizagem narrativa colaborativa. Além disso, há um grupo com uma necessidade excelente de aprender – não os "sem nome" –, porém, aqueles que cometem violência contra os "sem nome". Os poderosos são os que mais precisam aprender (GOODSON, 2007, p. 69).

De fato os poderosos não precisam aprender a operar o poder, isso eles já sabem. Entretanto, precisam aprender a exercer esse poder com compaixão. Não é possível conceber um mundo onde o poder não exista, isso faz parte da condição humana. Por exemplo,

---

5. O memorial foi criado pelo artista israelense Dani Karavan. Foi inaugurado em 1994 em homenagem a Walter Benjamin [cf. https://walterbenjaminportbou.org/pasajes-karavan/].

numa situação de aprendizagem colaborativa, o professor detém mais poder no grupo. Prover à maioria das pessoas uma vida razoável e pagar um salário decente aos mais fracos são demandas prováveis e executáveis que se apresentam aos ricos do mundo. Não seriam algo absurdo. Ao contrário, poderiam custar tanto quanto algumas das espaçonaves produzidas nos Estados Unidos. Em outras palavras, seriam suficientes para conceder acesso universal a uma alimentação necessária e uma educação adequada. Num mundo de inexpressão absoluta, indiferença, desprezo, anticristianismo, anti-islamismo, isso poderia acontecer? Tornou-se inadmissível observar que quem tem muito não está preparado para compartilhar um pouco. A compaixão poderia ser uma forma livre de exercer um poder que geralmente é ganancioso e profundamente implacável.

Há possíveis relações entre uma cultura ética e uma educação estética que envolvem essas aspirações de ações sociais. Há uma estética humana que permite às pessoas entrarem em contato com as próprias emoções, espíritos e almas, cobrindo-os de bondade. A questão central é entender os limites definidos entre cultura, educação e ensino a ponto de não conseguirem abordar sentimentos e emoções. Com essas considerações, enfrentamos os desafios de desenvolver experiências educacionais e intelectuais que permitam às pessoas se aproximarem das suas emoções e espíritos.

Professor Kaji Waurá: um contador de estórias cruzando fronteiras

Para sermos fiéis ao objetivo de escrutinar os desafios e as lições do cruzamento de fronteiras em práticas de currículo decolonizadas, é vital entender as estórias de vida nos seus cenários históricos e culturais se quisermos investigar e entender a compreensão individual e pessoal (GOODSON, 2013). À medida que os temas emergem dos detalhes de entrevistas com histórias de vida, torna-

-se claro que alguns contadores de estórias de vida abrangem muitos dos temas relevantes, enquanto outros podem conter somente evidências de um pequeno número de temas ou podem abranger os temas rapidamente. A densidade temática é uma maneira de caracterizar as entrevistas com histórias de vida que abrangem uma ampla gama de temas ou temas particulares de modo profundo. Após identificar os temas principais em ação nas narrativas de vida e depois de começar a empregar alguns desses temas para conceituar o caráter histórico, um novo estágio do trabalho pode emergir. O desenvolvimento de estudos de caso pessoais detalhados define um retrato das histórias de vida mais tematicamente densas. O retrato refina essas análises temáticas gerais e as apresenta sob a forma de um retrato individual detalhado de uma narrativa de vida.

Para apresentar aspectos da história de vida de Kaji Waurá como professor, mostraremos o seu retrato narrativo extraído de uma entrevista dele com o seu professor na universidade. Waurá é uma das 14 etnias que vivem no Parque Xingu, na Região Norte do Brasil. A sua tribo é constituída de aproximadamente trezentas pessoas que vivem na fronteira entre a Floresta Amazônica e a savana, sendo conhecida pela singularidade da sua cerâmica, o grafismo dos seus cestos, sua arte com plumas e máscaras rituais. Além disso, eles têm uma mito-cosmologia complexa e fascinante, na qual as ligações entre animais, objetos, seres humanos e não humanos permeiam a sua concepção de mundo e são cruciais para as práticas de xamanismo.

Kaji fala a língua aruaque e o português como segunda língua. Nasceu em 1974. Em 2016, formou-se em Pedagogia e depois trabalhou numa escola localizada na vila. Nas palavras dele:

> Comecei na área educacional porque estava preocupado com meus filhos. Vejo muitas crianças sem aulas, só brincando. Conheci a alfabetização ensinando a eles como ler e escrever. Fiquei apreensivo com eles. Tem outros professores na vila também, mas eles não se preocupavam com as crianças. Na-

quela época, em 1996, comecei a estudar, certo? Comecei a estudar. Comecei a pensar em como ser professor, sabe? Eu tinha o sonho de saber transmitir conhecimentos para as crianças. Porque tínhamos muitas estórias que os antigos nos contavam em grupo, sabe? Aí falei para mim mesmo: "Bom, tem muitas crianças sem aulas na vila. Elas não são alfabetizadas." Fiquei ansioso por causa delas, você vê. Além disso, ainda assim, continuei a estudar, estudar, estudar. Era 1997. Fiz o supletivo até a oitava série. Aí o "Projeto Tucum" ("Programa de Formação de Professores Indígenas", Governo do Estado do Mato Grosso) apareceu para os professores indígenas como uma possibilidade de formação educacional. Além disso, fiquei interessado em voltar para a vila e participar dessa formação de professores e trabalhar na sala de aula da comunidade. Não foi a comunidade que me indicou, fui eu. Foi o meu interesse em saber trabalhar na sala de aula, entendeu? Porque tinha muitas crianças e os jovens não estão aprendendo. Não existe aquele conhecimento de alfabetização, aquele conhecimento de fora, sabe? Então fiquei preocupado com quem vai conseguir trabalhar para a comunidade, ajudar a comunidade a escrever documentos. Nós mesmos precisamos ensinar as crianças. Então comecei a participar de cursos de formação. Em 2000, entrei no curso de formação de professores. Participei até 2004 e depois tive um impedimento porque fiquei doente. Fiquei internado num hospital de Brasília por dois meses no Caub (Conglomerados Agrourbanos de Brasília). Tive acúmulo de água nos pulmões. Foi horrível. Então fiquei na cidade por dois meses e depois me recuperei. Enquanto isso, foi por isso que não consegui concluir o curso que estava fazendo para ensinar. As pessoas concluíram. Foi em 2004, certo? Mas aí me atrasei e comecei a estudar tudo de novo. Eu tinha que estudar para buscar conhecimento. Fiz muitos desses cursos, como "Controle

Ambiental", "Capacitação Financeira", "Mecânica".
Fiz um total de 22 cursos. Tinha um projeto de
formação de professores chamado "Raiô". Na língua do Povo Terena, significa "juventude". Para os
meninos, dizemos "raiô", sabe? Tinha um projeto de
"raiô" e eu voltei. Voltei para concluir os estudos. Aí,
em 2010, concluí. De 2000 a 2010, trabalhei na sala
de aula. Eduquei seis turmas diferentes de alunos
até agora e eles estão trabalhando como agentes de
saúde da comunidade no Asam (Centro de Apoio
ao Jovem, uma instituição de assistência social) ou
como ambientalistas. Estão aqui trabalhando. Fiz o
meu vestibular depois, vestibular indígena na Universidade do Mato Grosso. Consegui passar para
Pedagogia. Terminei a graduação depois de cinco
anos estudando Pedagogia, me formei em 2016, aí
me colocaram para ensinar no ensino médio até
2019... Bom, agora estou aqui querendo voltar para
a sala de aula para trabalhar porque tem muitas
coisas que os antigos estão levando embora. Porque os antigos estão morrendo e levando embora
aquele conhecimento. Eu os considero um dicionário, sabe? Essa é a minha estória, a minha narrativa
de como entrei nesse campo da educação. Porque é
interesse meu, eu gostei muito desse trabalho, gosto
de transmitir a história, ensinar as crianças. Como
é que se diz? Você precisa ir falar com elas para que
gostem da sua aula, da história, esse tipo de coisa.
Você não pode trabalhar diretamente com a alfabetização, escrever as palavras ou fazer as leituras de
uma vez só. Não dá. Você precisa trabalhar com a
oralidade antes. Você precisa contar estórias... Devagar elas se acostumam e aí você vai e mostra as
letras, os escritos, ainda em letras maiúsculas. Você
não pode exagerar com essas crianças. Você precisa
ser muito paciente com as crianças, é o que falo para
os meus colegas.

Entrevistador: Quero perguntar o seguinte: Que
conhecimento a escola ensina? É o conhecimento

da vila ou o conhecimento que vem do livro do MEC (Ministério da Educação) e da escola da cidade? Como funciona essa relação? Que partes do conhecimento são trabalhadas na escola: as do Povo Waurá ou aquelas que o governo manda?

KW: Bom, trabalhamos com as duas. Aprendemos junto com Matemática, Português, Ciências, Sociologia, Biologia, Ciências, certo? E depois vêm Tecnologia Indígena, Prática Cultural Sustentável, Prática Agroecológica. Trabalhamos isso na sala de aula. Também tem Língua Nativa. Você entendeu? Quando trabalhamos com Prática Cultural, vamos trabalhar com... Vamos dançar, organizar festas... Como era na sala de aula. Onde você vai avaliar se os alunos estão aprendendo a dançar, sabe? É uma parte do conhecimento. Em Tecnologia Indígena, ensinamos como fazer um instrumento musical, fazer cestos, flechas... Artesanato... Isso é uma tecnologia indígena e uma disciplina em que você vai aprender a fazer cerâmica, cestos, uma flautinha que você pode tocar como a Taquara (instrumento musical de bambu), a flauta grande que você vai usar para ensinar música. Isso é que é Tecnologia Indígena. É onde aprendemos a tocar Taquara que é chamada Urá. Você vai aprender a fazer cestos. Essa Tecnologia Indígena vem junto com Matemática. Tudo envolve Matemática. Também é aí que você vai aprender a pintar com a mão. Pintura a mão, sabe? Você vai trançar com a mão e pintar o trançado, sabe? É outro tipo de conhecimento. Por exemplo, a Química que trabalhamos dentro da sala de aula é fazer sal... Entende? Extraímos sal das plantas para mostrar aos alunos como conseguir comida e como a culinária Aguapé funciona... Você extrai. Quero dizer, foi extraído da água, depois desidratado, queimado, filtrado e depois você tira o sódio. Depois despeja no pote e vira sal. Isso é Química para nós.

Entrevistador: Tudo bem. Esse conhecimento, esse saber, de onde vem?

KW: Esse saber... Esse conhecimento chega ao nosso povo através do Povo Awetí. Os Awetí tinham esse conhecimento e aí o Povo Waurá foi viver na vila com eles para aprender a fazer isso... Essa transformação em sal. É por isso que agora, por exemplo...

Entrevistador: Então é por isso que você diz que os antigos são como dicionários?

KW: Porque, na verdade, os idosos transmitem aos jovens, certo? É por isso que chamo os antigos de dicionários. Quando você pesquisa, precisa consultá-los. A origem disso. Se o Povo Waurá começou com isso ou se foi outro povo. Quando trabalhei com a transformação de sal em química, perguntei a eles, sabe? Consultei o meu dicionário e disse que alguém tinha me falado que era um ensinamento Waurá. Mas não é. Aprendemos com outros povos. Na cerâmica, fomos nós. O Povo Waurá havia aprendido antes e nós continuamos transmitindo de geração em geração. Outros povos aprenderam com a gente. É assim.

Entrevistador: Mas, Kaji, você acha que a sua escola precisa do conhecimento dos brancos?

KW: Talvez... Se pudermos trabalhar com os dois, entende? Com os dois conhecimentos, quero dizer poder trabalhar com português, precisamos entendê-lo, precisamos falar português, percebe? Porque as nossas comunidades precisam saber redigir documentos. Se me chamarem para ser interlocutor de uma liderança da comunidade e para fazer uma tradução da língua deles para o português. É por isso. Somente Português é uma disciplina que trabalhamos muito com Língua Nativa e Português... Português com Língua Nativa. No momento em que as crianças e os jovens começam a entender e falar um pouco de português. E aí vai ter aquela pessoa que está no livro, tem várias coisas sobre cultura negra, cultura de outros povos, mas nada sobre nós. É por isso que trabalhamos Prática Cultural Sustentável e Prática Agroecológica como Ciências, sabe... Trabalhamos como fazer plantações, forças-tarefa, preparar a plantação... pesca... Depois tem Tecnologia Indígena onde você aprende, onde você vai convidar o antigo para visitar a sala de aula e ajudar o professor a transmitir a informação aos alunos. É isso que está acontecendo...

Entrevistador: E o que você já descobriu sobre o surgimento do Povo Waurá?

KW: Descobri como surgimos a partir do que chamamos Kuwamutõ... Kuwamutõ fez uma mulher... Transformou cinco mulheres. Pegou pedaços de madeira e os transformou em seres humanos. Depois elas se casaram com o Povo Jaguar. Houve uma gravidez de gêmeos, que eram o Sol e a Lua. Somos cientistas, sabe? O Sol e a Lua são cientistas... É isso que vai organizar alguém. Esse Sol e essa Lua transformaram muitas flechas que foram transformadas em seres humanos. Na verdade, ainda não é um ser humano real. Kuwamutõ é dos tempos antigos, sabe... Foi assim que surgiu a terra. Ele estava lá e começou a trabalhar, trabalhar, trabalhar até o surgimento. Apareceu primeiro na cabeça dele para ser transformado. Ele fez um desenho na madeira para transformar na sua filha. Então ele poderia oferecer a filha aos jaguares para se casar com um deles. Aí ela se casou com o jaguar e ficou grávida de gêmeos: o Sol e a Lua. Depois, a Lua vai criar uma flecha pedindo ao avô para fazer, fazendo o avô colocar as flechas na vila, colocando as flechas em volta. Não sei quantas flechas ele fez, umas mil flechas. Aí ele formou um ciclo com elas e rezou. Rezou e transformou as flechas em seres humanos. Todos os tipos de seres humanos: brancos, negros, vermelhos, amarelos, marrons, indígenas, brancos, americanos, africanos. Foi o que descobri. Então, o nosso povo veio da "flecha da boca pequena". É por isso que não temos raiva, não somos bravos como outros povos que nasceram de outra flecha. Eles são destemidos. Como Kayapó ou Krenakarore ou Kayabi. São muito bravos. Nós os chamamos de índios. Em nossa língua, dizemos "muteitsi". Nós os chamamos "muteitsi". Nós os consideramos outro grupo de povos porque são bravos. Nós, povos do Xingu, nos chamamos de "putaká". Porque "putaká" não são bravos. Eles têm culturas parecidas. Temos culturas parecidas e línguas diferentes. Descobri que existem 14 grupos étnicos dentro do Xingu (Parque Indígena). Porque tem famílias de línguas, como Arawak, (Macro-)Jê, Tupi-Guarani, Karib. Acho que existem quatro: quatro famílias de línguas criadas para nós pelo Sol e pela Lua.

Entrevistador: Tudo bem. E na escola? Você transmite essa estória aos jovens e às crianças?

KW: Sim. Quando trabalhamos com história, nós contamos. Transmito o que aprendi e até escrevi um livro, sabia? Eles fazem a leitura. Escrevemos na nossa língua materna, sabe? E os alunos desenham, pesquisam com os pais para ver se é o que realmente aconteceu. No dia seguinte, eles trazem muitas informações para a sala de aula, nós discutimos. É assim que contamos história, é assim quando trabalhamos com história. Quando entramos em história, não vamos contar a história dos brancos, precisamos abordar a nossa história, sabe? A história do lago, a história da casa, a história da plantação, a história da estrada, a história do pequi, a história da... Como se diz? Da farinha de tapioca, do aipim... Cada plantação tem a sua história... Você precisa pesquisar para saber, para narrar aos alunos... Aí você pode escrever a respeito... Além de você narrar e contar a história, eles terão que pesquisar com os pais, com o tio, o avô. Uma vez trabalhei com a história do surgimento dos brancos. Não vamos contar, certo? Vamos somente ler e não tem nada a ver com a gente. Então não tem aquele método em que você conta o que aconteceu... Você não... Você lê e depois? Nós ficamos muito perdidos. Quando você trabalha com o livro, você não sabe realmente o que aconteceu na história. Quando você trabalha com a sua história, narrando-a para os alunos, fazendo a pesquisa, com os alunos também pesquisando e trazendo mais informações, se você não tiver descoberto algumas informações os alunos vão fazer isso e trazer para a sala de aula. Além disso, você pode incluir na sua narrativa para ter uma narrativa completa, entendeu?

Entrevistador: E o que o seu povo pensa sobre os brancos em geral?

KW: O meu povo... Sim... Já tem um tempo desde que começamos a trabalhar na sala de aula... O meu povo não gostava que ensinássemos as crianças na língua nativa, sabe?

Eles não deixavam a gente ensinar na língua nativa porque nascemos falando e aprendendo essa língua, sabe? Então precisamos trabalhar diretamente em português e depois eles pensaram a respeito. Trabalhamos muito, fizemos cursos, tivemos professores nos orientando, levando informação às comunidades. Não podíamos ensinar diretamente as crianças em português porque, assim, perderíamos a nossa língua nativa e a nossa cultura e aí vamos perder tudo. É isso que eles entenderam agora. Precisamos trabalhar a nossa cultura para valorizar a nossa cultura. Mesmo assim, alguns pais levam os filhos para estudar português na cidade. O meu povo fala sobre isso com a gente e nós sempre conversamos. Sempre fomos criticados na sala de aula, mas temos estudado nesses cursos e feito treinamentos, então sabemos que não podemos trabalhar diretamente com as crianças em português. Podemos nos valorizar porque somos uma escola diferenciada. Eles ainda não entendem totalmente a escola diferenciada, sabe? Porque eles estavam contando vantagem, apenas poderíamos trabalhar com Matemática e Português. Tínhamos que falar com os alunos em português, então uma vez eu falei: "O que vocês estão pensando... Tudo errado". Porque somos professores diferenciados. Estamos lutando pela gente. Porque podemos manter a nossa cultura, a nossa língua. É isso. Temos que aprender sobre a nossa cultura dentro da escola. E ensinar às crianças a nossa história... Nossa língua... Tudo isso. Mesmo assim, continuamos a transmitir a língua portuguesa para as crianças, às pessoas em geral, para que possam entender. Porém, alguns pais não obedeceram, os pais dos alunos não obedeceram e levaram os filhos para estudar na cidade... Depois, quando voltam para a vila, estão totalmente perdidos. Não sabem dançar, cantar, plantar, pescar, pegar um peixe com uma flecha, não sabem... Como perseguir o mico... Entendeu? São adultos, mas é como se fossem crianças. Completamente perdidos na vila. Aí eu falo para o pai: "Está vendo o resultado do que você fez com o seu filho? Você sempre criticava o nosso trabalho dentro da sala de aula, mas agora você vê o seu filho sendo o bobo da vila". Ele nem sequer tem conhecimento... Eles precisam estudar o nosso conhecimento com seriedade... Eles têm a permissão de estudar o nosso conhecimento. Porque com o que ele aprendeu na cidade... Ele fala português, escreve bem, entende as regras de fora... E daí? Ele nunca vai conseguir um emprego na cidade. Ele volta para a nossa vila e é outro mundo. Quando você estuda a sua realidade, você obtém aquele conhecimento tradicional, sabe? E você também pode ir para a faculdade, pode pesquisar a sua cultura. Porém, quando você coloca o seu filho pequeno na cidade... Ele perde tudo. Quando esse cara foi para a faculdade, ficou perdido. Ele não sabia. O que ele vai contar? O que vai narrar? Você entende? O cara nem sabe dançar, pescar, plantar, não sabe nada... Perdeu tudo.

Entrevistador: Como funciona o grupo familiar? Quero dizer... Tem muitas crianças e jovens em idade escolar cujos pais preferem a cultura dos brancos ou eles entendem agora o que você falou sobre a importância de valorizar a cultura do seu povo?

KW: Agora eles entendem a importância de valorizar a nossa cultura. Porque, quando começamos a trabalhar na sala de aula... Foi no ano de 90 ou 97 ou 2000... Os pais queriam que a gente ensinasse as crianças em português, falando diretamente em português. Aí não podíamos alfabetizar em nossa língua, na língua nativa, não podíamos falar em língua nativa na sala de aula... Podíamos trabalhar falando somente português com as crianças... Estavam errados... Agora entenderam que podemos trabalhar a nossa cultura dentro da sala de aula na escola, sabe? Podemos contar estórias, festejar, aprender a cantar. Recentemente tivemos um projeto de recuperação para cantar e coisas assim. Tivemos cinco alunos formados. Um deles fez um concerto publicamente. Fez na comunidade, sabe? Ele cantou... Todo mundo assistiu. Bom, ele é cantor, certo? Agora a comunidade entendeu que, se a gente trabalhar a nossa realidade, ensinar às crianças a nossa realidade depois de concluírem o ensino médio na vila, elas podem escrever. Podem ir para a faculdade fora da vila porque não temos uma universidade dentro da vila. Podem participar da universidade da cidade. Porque aí não vão se perder. Eles já têm conhecimento do seu povo. É assim... Os que foram embora, que foram levados quando crianças para a cidade com 10 anos de idade, perderam tudo. Não falam a nossa língua muito bem, não sabem trabalhar, não sabem dançar, aprenderam a beber cachaça. Tudo isso, entendeu? É aí que aprendem a roubar. Se envolvem com drogas. Tudo isso acontece, sabe? Aquele que obedeceu às nossas aulas dentro da comunidade, esse já praticou. Conheceu a nossa realidade. Agora a comunidade percebeu, reconheceu que a nossa escola é diferenciada. Que podemos trabalhar com a nossa realidade. Não podemos trabalhar tanto com a realidade de fora, porque a tecnologia entrou na vila e está mudando a vida da comunidade. Tem muitas motocicletas, carros, celulares, a internet está dentro da vila... Isso também é um problema para os jovens. Porque os jovens não praticam mais Tecnologia Indígena para fazer cestos, flechas, arcos por causa dessa tecnologia que entrou agora. Ela interfere em tudo da nossa tradição, como danças, essa dança triste chamada "bailão" ou forró... Isso não é aceitável dentro da comunidade. Ainda não. A partir de agora, os jovens... É... É o que eu acho. É assim que eu vejo. Mas, daqui a uns 20 ou 30 anos, os idosos terão partido. Estão nos deixando e deixando os jovens.

Aprendizagem tribal e currículo como narrativa

O que Kaji está dizendo na entrevista é que a cultura oral do Povo Waurá está presente nas estórias que os antigos contam. Ele diz que os Waurá idosos "estão morrendo e levando embora aquele conhecimento. Eu os considero um dicionário". O que ele quer dizer é que toda a transmissão da cultura depende dessa transmissão oral do conhecimento. É claro que existem outros aspectos da transmissão da cultura da tribo e ele fala sobre aprendizagem tribal na forma dos Waurá como pintura do corpo, o seu tipo de cerâmica e como confeccionam cestos. São todos padrões baseados em atividades da aprendizagem tribal que são tão importantes na transmissão da cultura.

Mas o cruzamento de fronteira com o qual ele se preocupa para ajudar o seu povo é o cruzamento de fronteira dessas estórias orais e transmitidas oralmente para a cultura colonial escrita. Isso, como mencionamos, é uma jornada arriscada para qualquer um. E ele fala a respeito muito claramente – que a única forma de ajudar as crianças Waurá a cruzar essa fronteira é começando com a transmissão oral. Ele diz: "Você precisa ir falar com elas para que gostem da sua aula, da história, esse tipo de coisa. Você não pode trabalhar diretamente com a alfabetização, escrever as palavras ou fazer as leituras de uma vez só. Não dá. Você precisa trabalhar com a oralidade antes. Você precisa contar estórias".

É uma declaração clara sobre a necessidade de um "currículo narrativo". Também é uma declaração clara de como funciona a interseção entre a cultura indígena e a cultura colonial escrita. Logo, existe uma necessidade persistente de "oralizar" o currículo de modo a facilitar esse cruzamento de fronteira. E tal cruzamento não acontece como uma rota de saída de via única, e sim como um cruzamento constante para trás e para a frente pela fronteira. Isto precisa ser enfatizado – não é uma rota de saída de via única. É uma passagem recíproca pelas fronteiras – para trás e para a frente num tipo de espiral. O Povo Waurá não cessará de "oralizar" até mesmo na própria vida e abordará o currículo colonial somente através dessas rotas orais. Então, se preferir, a decolonização acontece nessa reiteração constante em torno da fronteira, passando para trás e para a frente em direção à cultura escrita e voltando em busca de apoio na cultura oral. Assim, isso permanece uma jornada tribalmente sensível em direção ao conhecimento e não uma jornada que leva a evacuação e colonização.

Assim como é necessária a retenção da cultura oral tribal em toda a mediação do currículo escrito, há a necessidade associada de definir a educação decolonial na forma das práticas tribais do povo, então Kaji fala sobre tecnologia indígena, prática cultural sustentável e práticas agrícolas. Ele fala sobre tecnologia indígena Waurá – eles ensinam como tocar um instrumento musical, fazer cestos, flechas e artesanato. É uma tecnologia indígena que celebra a cultura. Aprendem a tocar Taquara, a flautinha. Então, se formos apresentar um currículo decolonial, em parte é a retenção da forma da cultura oral e em parte uma promoção de conteúdo e práticas dessa cultura. Isso representaria um passo considerável adiante na definição de prática decolonial. "Aprendizagem tribal" é o modo indígena de saber que é transmitido em geral sob forma de estória entre os membros de uma tribo. Há várias instâncias de como aprendemos coisas com nossos pais nas estórias que contavam, não nas leituras e textos deles, em que eles não tinham prática. Mas a "aprendizagem tribal" vai além das conversas com os pais – é parte do modo de saber e um modo de vida que aprendemos com nossos amigos na rua ou na vila. "Aprendizagem tribal" é como passamos a conhecer o mundo antes de encontrar as forças de socialização representadas, de certo modo, pela escola e cultura em geral. Então, podemos perceber um choque entre a "aprendizagem tribal" que nos diz onde estamos e quem fomos, o que foi a nossa ancestralidade e o que será o nosso futuro, e as forças de socialização representadas pela escola e pela cultura dominante-oprimido.

> Isso é importante para a educação porque muitas vezes, especialmente no entendimento da "pedagogia do oprimido" – citando Freire –, a classe entre a "aprendizagem tribal" indígena e a aprendizagem escolar é o dilema central que os professores enfrentam (GOODSON; DEAKIN CRICK, 2009).

O futuro que estamos propondo para esse choque permanente entre aprendizagem tribal e socialização social é a "aprendizagem narrativa". Os professores se posicionam como mediadores independentes entre a aprendizagem tribal e a aprendizagem escolar. Ademais, se tiverem êxito, buscarão uma mediação através da construção de uma narrativa que leve o aprendiz a outro lugar, e isso é a "aprendizagem narrativa" e a herança do "capital narrativo". É muito diferente do intercâmbio simbólico regular que acontece na escola, que é uma transmissão direta em via única da cultura dominante representada pela disciplina escolar e pelo professor para a criança sem qualquer mediação ou reconhecimento de qualquer "aprendizagem tribal" que a criança já tenha.

Finalmente, é importante perceber que o cruzamento de fronteiras é um processo de via dupla. Não é apenas uma questão de cruzar continuamente a fronteira em direção ao conhecimento escrito e abstrato, mas também uma questão de como deter-se nos padrões importantes de conhecimento e aprendizagem que sejam nativos ao aprendiz. O perigo do cruzamento de fronteiras previsto nas escolas ocidentais é imaginá-lo como um processo de via única em direção aos planaltos prometidos da cultura escrita e do conhecimento abstrato. Isso sacrifica todo um modo de saber e aprender já existente. Precisamos ficar atentos para garantir que os cruzamentos de fronteiras levem consigo o máximo de conhecimento indígena possível na jornada sem eliminá-lo de outros conceitos mais descontextualizados e abstratos. Cruzar fronteiras é essencial e o processo de desenraizamento que isso representa é em si mesmo um enorme empreendimento de aprendizagem, mas pouquíssima ênfase foi dada ao modo pelo qual os alunos preservam o conhecimento que trazem para o empreendimento da aprendizagem e para a escola. Esse deve ser um dos nossos focos para provermos um antídoto contra o currículo colonizado.

Conclusões

O motivo para enfatizarmos tanto o currículo narrativo é que ele se posiciona na interseção do principal cruzamento de fronteira a respeito de como grupos desfavorecidos abordam o mundo desconhecido da educação e do currículo. Isso ocorre porque a maioria dos grupos tribais ou grupos desfavorecidos, sejam eles povos indígenas, eleitorados da classe operária ou outros grupos subjugados pela opressão (como minorias *gays* e mulheres), tem um senso comum da cultura oral como forma importante de transmitir seus valores. Portanto, na sua exemplificação inicial, todos esses grupos aprendem através da conversa e da conversa entre si, em especial. Esse discurso compartilhado e essa cultura oral de certo modo são a sua forma primordial de saber. É por isso que a escola é um cruzamento de fronteira tão perigoso por insistir que os alunos aprendam através da leitura, e não através da conversa. Assim, o cruzamento de fronteira crucial é aquele da cultura oral para a cultura escrita.

Em termos autobiográficos, muitos de nós de grupos desfavorecidos vivenciamos essa jornada perigosa de modo agudamente doloroso. É como uma forma de traição aos modos de saber que apreciamos em nossa casa e comunidade. No meu caso (cf. GOODSON, 2005), esse cruzamento de fronteira foi quase insuportável. Eu não sabia ler até os 8 anos de idade e continuei a aprender sobre o mundo através das estórias que os meus pais, parentes e amigos me contavam. Ainda hoje essa é a fonte mais rica de aprendizagem que tenho. Portanto, cruzar a fronteira da cultura oral para a escrita era me pedir demais. Era como se me pedissem para trair toda a minha tribo a favor de um modo de saber diferente. O que o currículo narrativo busca é voltar a curar essa ferida primitiva entre cultura oral e escrita. Devemos aceitar que os grupos de interesse dominantes afirmaram e instrumentalizaram um currículo escrito que é abstrato e descontextualizado. Mas também é, devemos admitir, uma rota para formas cosmopolitas de saber, para um credenciamento bem-sucedido e para o acesso a sociedades mais amplas. É esse o complexo enigma do cruzamento de fronteiras do oral para o escrito. Na próxima seção conversamos – e enfatizo "conversamos" – com alguém versado em "aprendizagem tribal". Não é coincidência que todo o nosso trabalho seja a respeito das estórias de vida de professores e alunos. Mais uma vez é a modalidade que tenta recuperar a relação entre o oral e o escrito e elucidar profundamente modos de saber narrativos. Defendemos que essa é a precondição crucial para o sucesso da aprendizagem para grupos desfavorecidos.

Além de patrocinar o lado oral da aprendizagem tribal, é importante definir uma série de áreas curriculares baseadas em atividades que ensinem a cultura indígena de modo formal. Assim, vimos que tecnologia indígena e estudos agroeconômicos Waurá, entre outros, facilitam o ensino da cultura em seu sentido mais formal.

248

Portanto, em termos de apresentação de um caminho para práticas educacionais decolonizadas, argumentamos que, como Kaji fala tão articuladamente na sua entrevista, há duas avenidas de exploração em particular. Uma é garantir que o currículo seja "oralizado" sempre que possível – apresentado na forma de enredos reconhecidos e práticas de contação de estórias. Logo, é essa a forma que a educação decolonial pode assumir. O conteúdo que a educação decolonial pode assumir é escrutinar e elaborar os vários aspectos da cultura indígena, sejam eles tecnológicos, musicais, agrícolas ou econômicos. Assim, conteúdo e forma estarão juntos para definir uma estratégia mais decolonizada.

Referências

ABRAHAM, A. (1984). *L'enseignant est une personne*. Paris: Esf.

BENJAMIN, W. (2007). The Storyteller. In: BENJAMIN, W. *Illuminations*. Nova York: Schoken, p. 83-110.

FREIRE, P. (1987). *Pedagogia do oprimido*. 17. ed. Rio de Janeiro: Paz e Terra.

GOODSON, I.F. (2005). Learning and the pedagogic moment: extract from "The pedagogic moment". *Learning, curriculum and life politics: The selected works of Ivor F. Goodson*. Abingdon: Taylor and Francis, p. 13-15.

GOODSON, I.F. (2007). *Políticas do conhecimento: Vida e trabalho docente entre saberes e instituições*. Org. de R. Martins, R. e I. Tourinho. Goiânia: Programa de Pós-Graduação em Cultura Visual.

GOODSON, I.F. (2011). *Life politics*. Roterdã: Sense.

GOODSON, I.F. (2013). *Developing narrative theory – Life histories and personal representation*. Londres: Routledge.

GOODSON, I.F.; DEAKIN CRICK, R. (2009). Curriculum as narration: Tales from the children of the colonized. *Curriculum Journal*, 23(3), p. 225-236.

GOODSON. I.F.; SHOSTAK, J. (2020). *Democracy, education and research: The struggle for public life*. Londres/Nova York. Routledge.

SENNETT, R. (2008). *The craftsman*. New Haven/Londres: Yale University Press.

Publicações recentes

Narrativa e estudos de história de vida por Ivor F. Goodson

Livros

GOODSON, I.F. (2010). *Through the schoolhouse door*. Roterdã/Boston/Taipei: Sense.

GOODSON, I.F. (2011). *Life politics: Conversations about education and culture*. Roterdã/Boston/Taipei: Sense.

GOODSON, I.F. (ed.) (2013). *Studying teachers' lives*. Londres/Nova York/Toronto: Routledge/Teachers College/Oise.

GOODSON, I.F. (2013). *School subjects and curriculum change*. Londres/Nova York/Filadélfia: Falmer.

GOODSON, I.F. (2013). *Developing narrative theory: Life histories and personal representation*. Londres/Nova York: Routledge.

GOODSON, I.F. (2014). *The politics of curriculum and schooling*. Beijing: Educational Science Press.

GOODSON, I.F. (2014). *Investigating the teacher's life and work*. Beijing: Educational Science Press.

GOODSON, I.F. (2014). *Curriculum, personal narrative and the social future*. Londres/Nova York: Routledge.

GOODSON, I.F. (2015). *Narrativas em educação: a vida e a voz dos professores*. Porto: Porto Ed.

GOODSON, I.F. (2019). *Narrative learning.* Beijing: Beijing Normal University Press.

GOODSON, I.F. (2020). *Developing narrative theory: Life histories and personal representation.* Shanghai: East China Normal University Press.

GOODSON, I.F. (2020). *Aprendizagem, currículo e política de vida – Obras selecionadas* de I.F. Goodson. Petrópolis: Vozes.

GOODSON, I.F. (2020). Πολιτική του Αναλυτικού Προγράμματος & της Εκπαίδευσης. Guttenburg Press.

GOODSON, I.F. (2020). *Curriculum, personal narrative and social future.* Campinas: Unicamp.

GOODSON, I.F. et al. (2011). *Improving learning through the life course.* Londres/Nova York: Routledge.

GOODSON, I.F. (ed.) et al. (2017). *The Routledge international handbook on narrative and life history.* Londres/Nova York: Routledge.

GOODSON, I.F.; ANSTEAD, C.J. (2011). *The life history of a school.* Nova York: Peter Lang.

GOODSON, I.F.; BALL, S.; MAQUIRE, M. (eds.) (2012). *Education, capitalism and the global crisis.* Londres/Nova York: Routledge.

GOODSON, I.F.; BALL, S. (eds.) (2012). *Defining the curriculum: Histories and ethnographies.* Londres/Nova York/Filadélfia: Falmer.

GOODSON, I.F.; BIESTA, G.; TEDDER, M.; ADAIR, N. (2010). *Narrative learning.* Londres/Nova York: Routledge.

GOODSON, I.F.; GILL, S. (2011). *Narrative pedagogy.* Nova York: Peter Lang.

GOODSON, I.F.; GILL, S. (2014). *Critical narrative as pedagogy.* Londres/Nova York: Bloomsbury.

GOODSON, I.F.; LINDBLAD, S. (eds.) (2010). *Professional knowledge and educational restructuring in Europe.* Roterdã/Boston/Taipei: Sense.

GOODSON, I.F.; LOVELESS, A.; STEPHENS, D. (eds.) (2012). *Explorations in narrative research.* Roterdã/Boston/Taipei: Sense.

GOODSON, I.F.; SHOSTAK, J. (2020). *Democracy, education and research: The struggle for public life.* Londres/Nova York: Routledge.

RUDD, T.; GOODSON, I.F. (eds.) (2017). *Negotiating neoliberalism: Developing alternative educational visions.* Roterdã/Boston/Taipei: Sense.

THOMSON, G.; GILL, S.; GOODSON, I.F. (2020). *Happiness, flourishing and the good life: A transformative vision of human wellbeing.* Londres/Nova York: Routledge.

Capítulos em livros

GOODSON, I.F. (2012). Times of educational change: towards an understanding of patterns of historical and cultural refraction. In: BALL, S.; MAQUIRE, M.; GOODSON, I. (eds.). *Education, capitalism and the global crisis.* Londres/Nova York: Routledge.

GOODSON, I.F. (2012). Case study and the contemporary history of education. In: ELLIOT, J.; NORRIS, N. (eds.). *Curriculum, pedagogy and education research: The work of Lawrence Stenhouse.* Londres/Nova York: Routledge.

GOODSON, I.F. (2014). O futuro da democracia social e o desenvolvimento de uma nova política de educação. *A escola como objeto de estudo.* Capes.

GOODSON, I.F. (2014). Estudiando el cambio en el curriculum y las reformas educativas. *Universidad y Societá del Conocimiento.* Santiago de Compostela: Universidade de Santiago de Compostela, p. 99-142.

GOODSON, I.F. (2015). La historia de vida. *Educación y biographicas: perspectivas pedagogicas y sociologicas actuales.* Barcelona: Uoc.

GOODSON, I.F. (2015). Vidas de aprendizaje: un ejemplo. *Educacion y biographicas: perspectivas pedagogicas y sociologicas actuales.* Barcelona: Uoc.

GOODSON, I.F. (2016). Introduction life histories and narratives. In: GOODSON, I.; ANTIKAINEN, A.; SIKES, P.; ANDREWS, M. (eds.). *The Routledge international handbook on narrative and life history.* Routledge: Oxon, p. 3-10.

GOODSON, I.F. (2016). The rise of the life narrative. In: GOODSON, I.; ANTIKAINEN, P.; SIKES, P.; ANDREWS, M. (eds.). *The Routledge international handbook on narrative and life history*. Routledge/Nova York: Oxon, p. 11-22.

GOODSON, I.F. (2016). The story so far: Personal knowledge and the political. In: GOODSON, I.; ANTIKAINEN, A.; SIKES, P.; ANDREWS, M. (eds.). *The Routledge international handbook on narrative and life history*. Routledge: Oxon, p. 89-101.

GOODSON, I.F. (2016). The story of life history. In: GOODSON, I.; ANTIKAINEN, A.; SIKES, P.; ANDREWS, M. (eds.). *The Routledge international handbook on narrative and life history*. Routledge: Oxon, p. 23-33.

GOODSON, I.F. (2019). Analysing educational change: towards an understanding of patterns of historical and cultural refraction. *Elementary education in India: Policy shifts, issues and challenges*. Londres/Nova York: Routledge.

GOODSON, I.F. (2019). From the mystification to markets: the evolution of curriculum history and life history. In: McCULLOCH, G.; GOODSON, I.; GONZÁLEZ-DELGADO, M. (eds.). *Transnational perspectives on curriculum history*. Londres/Nova York: Routledge.

GOODSON, I.F. (2021). Exchanging tyrannies: The impact of Neoliberalisation of higher education in a post-Soviet country on academics' life and work. *The Routledge handbook of the sociology of higher education*.

GOODSON, I.F.; GILL, S. (2011). Life history and narrative methods. In: SOMEKH, B.; LEWIN, C. (eds.). *Theory and methods in social research*. 2. ed. Los Angeles/Londres: Nova Delhi/Singapura/Washington.

GOODSON, I.F. & MIKSER, R. (2019). The continuity and transformation of neoliberalism across hostile policy contexts: the miracle of its resilience over the post-Soviet curriculum reforms. In: McCULLOCH, G.; GOODSON, I.; GONZÁLEZ-DELGADO, M. (eds.). *Transnational perspectives on curriculum history.* Londres/Nova York: Routledge.

GOODSON, I.F.; MIKSER, R. (2019). The concept of refraction and the narrative approach to exploring multi-level social reform initiatives: conceptual and methodological issues. In: VIHALEMM, P.; MASSO, A.; OPERMANN, S. (eds.). *The Routledge international handbook of European social transformations*. Londres/Nova York: Routledge.

GOODSON, I.F.; MIKSER, R.; NIGLAS, K.; TUUI, M.; VEISSON, V. (2019). Academia undermining professionalism? Estonian pre-school teachers' views and expectations of teacher professionalism. In: PHIL-LIPSON, S.; GARVIS, S. (eds.). *Teachers' and families' perspectives in early childhood education and care: early childhood education in the 21st Century*. Vol. 2. Londres/Nova York: Routledge.

GOODSON, I.F. & RUDD, T. (2014). Studying historical periodization: towards a concept of refraction. In: TEODORO, T.; GUILHERME, M. (eds.). *European and Latin American higher education between mirrors*. Roterdã/Boston/Taipei: Sense.

GOODSON, I.F.; SIKES, P. (2016). Techniques for doing life history. In: GOODSON, I.; ANTIKAINEN, A.; SIKES, P.; ANDREWS, M. (eds.). *The Routledge international handbook on narrative and life history*. Routledge: Oxon, p. 72-88.

MIKSER, R.; GOODSON, I.F. (2019). Narratives of education and curriculum transition in the formerly socialist European countries: the example of Estonia. In: McCULLOCH, G.; GOODSON, I.; DELGADO-GON-ZALEZ, M. (eds.). *Transnational perspectives on curriculum History*. Londres: Routledge, p. 41-62.

RUDD, T.; GOODSON, I.F. (2017). The limits of neoliberal education: Refraction, reinterpretation and reimagination. In: RUDD, T.; GOOD-SON, I. (eds.). *Negotiating neoliberalism: Developing alternative educational visions*. Roterdã: Sense, p. 183-200.

SIKES, P.; GOODSON, I.F. (2016). What have you got when you've got a life story. In: GOODSON, I.; ANTIKAINEN, A.; SIKES, P.; ANDREWS, M. (eds.). *The Routledge international handbook on narrative and life history*. Routledge: Oxon, p. 60-71.

Artigos de jornal

BLAKE, J.; STERLING, S.; GOODSON, I.F. (2013). Transformative learning for a sustainable future: An exploration of pedagogies for change at an Alternative College. *Sustainability*, 5(12).

GOODSON, I.F. (2010). Times of educational change: Towards an understanding of patterns of historical and cultural refraction. *Journal of Educational Policy*, 25(6), p. 767-775.

GOODSON, I.F. (2014). Curriculum, narrative and the social future. *The Japanese Journal of Curriculum Studies*, v. 23, p. 63-74.

GOODSON, I.F. (2015). The five R's of educational research. *Power and Education*, p. 1-6.

GOODSON, I.F. (2015). Context, curriculum and professional knowledge. *History of Education: Journal of History of Education Society*, v. 43, n. 6, p. 768-776.

GOODSON, I.F. (2016). The journey of school knowledge in high school and the concept of refraction. *Pro-posições*.

GOODSON, I.F.; GROOT, I.; VEUGELERS, W. (2013). Bridging the gap between young people's civic selves and theoretical positions on democratic citizenship education. *Curriculum and Teaching*, 27(1).

GOODSON, I.F.; MULLER, J.; NORRIE. C.; HERNANDEZ, F. (2010). Restructuring teachers' work-lives and knowledge in England and Spain. *Compare: A Journal of Comparative and International Education*, 40(3), mai., p. 265-277.

GOODSON, I.F.; PETRUCCI-ROSA, M.I. (2020). Curriculum as narrative: Crossing borders for a decolonized education. *Narrativas de Maestras(os) y Normalistas en el Giro Decolonial*, n. 8.

GOODSON, I.F.; RUDD, T. (2016). Restructuring, reform and refraction: Complexities of response to imposed social change. *Educational Practice and Theory*, v. 38, n. 2.

GOODSON, I.F.; RUDD, T. (2012). Developing a concept of "refraction": Exploring educational change and oppositional practice. *Education Practice and Theory*, 34(1), p. 5-24.

GOODSON, I.F.; SADAM. M.; JOGI, L. (2019). Improving the transparency of the life history method data analysis process in qualitative biographical research. *Pedagogika*, v. 134, n. 2.

GOODSON, I.F.; SCHOSTAK, J. (2012). What's wrong with democracy at the moment, and why it matters for research and education. *Power and Education*, 4(3).

GOODSON, I.F.; SCHOSTAK, J. (2021). Curriculum and coronavirus: New approaches to curriculum in the age of uncertainty. *Prospects* [Disponível em https://doi.org/10.1007/s11125-020-09523-9 – Acesso em 11/03/2021].

GOODSON, I.F.; ÜMARIK, M. (2019). Changing policy contexts and teachers' work-life narratives: The case of Estonian vocational teachers. *Teachers and Teaching*, 25(5), p. 589-602.

NIGLAS, N.; ÜMARIK, M.; TINN, M., GOODSON, I.; MIKSER, R.; VEISSON, M.; LOOGMA, K.; UGASTE, A. (2018). Planning and conducting large-scale mixed methods study: The researchers' experiences. *International Journal of Multiple Research Approaches (IJMRA)*, v. 10, n. 1, p. 283-295.

RUDD, T.; GOODSON, I.F. (2016). Refraction as a tool for understanding action and educational orthodoxy and transgression. *Revista Tempos e Espaços em Educação: Curriculum, Orthodoxy and Transgression*, v. 9, n. 18, jan.-abr.

ÜMARIK, M.; GOODSON, I.F. (2018). Nostalgia in the narratives of vocational teachers as a way of understanding responses to change. *Critical Studies in Education*.

Leia também!

Conecte-se conosco:

 facebook.com/editoravozes

 @editoravozes

 @editora_vozes

 youtube.com/editoravozes

 +55 24 99267-9864

www.vozes.com.br

Conheça nossas lojas:

www.livrariavozes.com.br

Belo Horizonte – Brasília – Campinas – Cuiabá – Curitiba
Fortaleza – Juiz de Fora – Petrópolis – Recife – São Paulo

EDITORA VOZES LTDA.
Rua Frei Luís, 100 – Centro – Cep 25689-900 – Petrópolis, RJ
Tel.: (24) 2233-9000 – E-mail: vendas@vozes.com.br